国家自然科学基金青年项目（71603207）
教育部人文社科基金青年项目（16YJC79
国家自然科学基金面上项目（71573211）
教育部博士科研启动基金（2452015322）
国家现代农业产业技术体系建设专项资金项目（CARS-28）

苹果矮化栽培模式技术经济评价研究

—————————————————————————— 邵砾群/著

科学出版社

北京

内 容 简 介

中国苹果产业发展正经历由乔化稀植制度、乔化密植制度向矮化密植集约制度变迁，由以科技含量较低的粗放型经营模式向以科技含量高的资本密集型经营模式过渡过程。本书依据要素禀赋理论与诱致性技术变迁理论，采用规范分析与实证分析相结合的方法，以中国环渤海湾优势区和黄土高原优势区的 15 个苹果示范县、635 个苹果种植户的实地调研数据为基础，在资源与要素禀赋所诱致的苹果栽培技术的变化与相应的制度性投入方面进行分析，研究苹果栽培制度中矮化密植集约栽培模式发展缓慢的根本原因，并设计相应的解决方案。

本书适合于从事区域经济、农业产业经济、农业技术推广等方面研究的科研人员、高校教师、研究生、业界从业人员以及政府或农业技术推广部门的工作人员、政策制定者和有关管理人员等阅读参考。

图书在版编目（CIP）数据

苹果矮化栽培模式技术经济评价研究 / 邵砾群著 . —北京：科学出版社，2018.9

ISBN 978-7-03-058613-1

Ⅰ.①苹⋯ Ⅱ.①邵⋯ Ⅲ.①苹果–矮化栽培–栽培模式–经济评价–研究–中国 Ⅳ.①F326.13

中国版本图书馆 CIP 数据核字（2018）第 198956 号

责任编辑：林 剑／责任校对：彭 涛
责任印制：张 伟／封面设计：无极书装

科学出版社 出版
北京东黄城根北街 16 号
邮政编码：100717
http://www.sciencep.com

北京虎彩文化传播有限公司 印刷
科学出版社发行 各地新华书店经销

*

2018 年 9 月第 一 版 开本：B5（720×1000）
2018 年 9 月第一次印刷 印张：10
字数：230 000

定价：108.00 元
（如有印装质量问题，我社负责调换）

序

　　中国传统农业文明历史悠久，中国也是人类历史上最重要的农业文明发源中心。尽管在不同历史时期中国的农耕制度存在差异，但稳定、发达和可持续的农耕制度成为维系中华文明的基石，并对东亚传统农业发展及世界农业文明交融做出重要贡献。从历史视角观察，耕作制度的形成和演进主要取决于当时的社会经济发展环境，并与相应的科学技术水平和生产经营水平密切相关。几千年来，中国经历了撂荒耕作制度、休闲/轮荒耕作制、连作制、轮作复种制等种耕作制度变迁，形成具有东亚特色的精耕细作土地用养结合模式及其相匹配的劳动密集型技术措施体系。1949 年以来，经过农业社会主义改造及农业合作化运动，中国完成由农民个体所有制到社会主义集体所有制的转变，形成"三级所有、队为基础"的社会主义集体农业经济。全国范围开展了以扩大复种为基础、以推广精细密集耕作为核心的农业技术变革，推动复种规模扩大，形成连作、轮作及套种、复种耕作制度，实现了作物播种面积扩大和产量提高，并促进农业经济发展。20 世纪 60 年代中期，中国政府还确立了建设现代农业强国目标，推动优良品种、化学品、农业机械等现代要素的推广与应用。但直至 20 世纪 70 年代末，中国的农业依然属于传统农业，农业投入以人力、蓄力为主，以资本、技术等现代要素投入为辅。总体而言，与农耕制度变迁过程相伴随的是自然因素及环境条件对农业的作用在相对弱化，而农业技术进步和管理创新的作用在相对强化。但农业技术进步和管理创新在促进农业生产方式改变和提高农业生产能力的同时，也成为触动耕作制度变迁的基本动力。

　　20 世纪 80 年代初期，中国开启了影响久远和广泛的农业产权制度改革和农业经营制度创新，形成以农村土地集体所有、农村集体成员承包经营为基础的农户经营制度。农地产权制度改革和农业经营制度创新，激发了农户经营的积极性，助推了农业市场的培育，逐步形成市场引导型农业要素配置环境和市场诱致型农业技术变革格局，农业技术创新与进步的效率得到改进，农业耕作制度和栽培模式创新加快。以苹果产业为例，改革开放以来经历了三个阶段的种植面积与产量波动过程，但基本完成以种植面积扩张为主的外延式发展阶段，形成特色和优势较为明晰的苹果生产布局体系、品种组合和技术支持模式，进入以完善果园综合效率、改进苹果质量、提高产业综合竞争力为特征的内涵发展阶段。特别是在市场竞争趋于激烈的环境中，技术进步、管理创新推动苹果栽培由乔化稀植制度、乔化密植制度向矮化密植集约制度转型，由科技含量较低的粗放型经营模式向科技含量高的资本密集型、技术集约型经营模式转型。苹果矮化密植集约栽培模式注重矮化砧木短枝型品种技术、大苗培育技术、省力化技术和水肥一体化管理技术的集成与应用，具有资本密集、技术集成特征和劳动、土地等稀缺因素节约和高效利用的优势，因而成为中国苹果栽培制度变革的主导方向。

事实上，栽培制度变革是中国 21 世纪种植业转型升级的内在动力，其本质是经营主体基于农业要素禀赋变化和要素市场价格相对变化所诱致的技术变革与制度变迁。从中观和宏观视角看，类似的制度创新和技术创新有助于保持农业产业的比较优势和综合竞争力。苹果产业是中国的特色和优势产业，但随着劳动力成本和农地地租持续上涨，导致基于传统栽培制度和技术配置模式的苹果生产效率下降，并成为制约中国苹果产业综合竞争力提升的基础性障碍。理论研究和实践发展均已表明，技术变革与制度变革是推动经济增长的重要途径。根据诱致性技术变迁规律判断，在要素禀赋、要素价格变动的市场情景中，中国苹果栽培制度演进的路径必然由劳动密集型技术模式转向资本和技术密集型技术模式，其结果必然是矮化集约栽培制度替代传统栽培制度。但如何通过栽培制度创新来充分聚集资本、合理集成技术，进而放大中国苹果产业的比较优势和实现苹果产业的可持续发展，既是政策制定者、产业界关注的重大现实问题，也是学术界值得深入研究的重要问题。特别是，苹果主产区政府基于苹果产业可持续发展和农民收入增长稳定性，全力推进苹果栽培制度变革，但苹果种植户却存在观望、担忧等心里和行为问题，导致苹果栽培模式变革进展缓慢。

邵砾群博士作为农业产业经济领域的研究者，近年来坚持投身于探索农业耕作制度变迁的规律及苹果栽培模式的创新，致力于农业产业升级与制度创新领域的理论研究、调查分析与政策评价。其新作《苹果矮化密植栽培模式技术经济评价研究》一书，以要素禀赋理论、诱致性技术变迁理论为指导，按照苹果栽培学原理与农业技术经济评价理论、方法相结合的思路，对国内外苹果栽培制度的创新特征和演变规律进行系统归纳和总结，形成独具特色的研究范式和研究方法论；研究阐释苹果矮化栽培制度的内涵与外延，系统分析中国苹果栽培制度演进的路径、面临的关键问题，形成值得理论界借鉴的理论观点；构建基于中国情景的苹果矮化密植集约栽培模式经济评价的方法与标准；采用实地调研数据，测度和评价中国苹果矮化密植集约栽培模式变革的技术效率、技术贡献率，其中关于苹果栽培制度创新过程中的关键问题的思考与讨论，值得学术界争鸣；从要素禀赋、诱致性制度变迁视角，研究苹果栽培制度变迁的内在驱动力及其对苹果产业技术进步的贡献、苹果产业转型升级的影响规律判断与建议，值得决策者思考与借鉴。

2018 年 8 月于陕西杨凌

前　言

　　改革开放以来，中国苹果产业发展在总体上经过了种植面积与产量快速增长，已基本完成以种植面积增加为主的外延扩张发展阶段和区域间优化布局、品种及结构间优化调整阶段，开始步入以改进苹果质量、提高果园管理效率和产业综合竞争力为主的内涵发展阶段。当前正在经历由乔化稀植制度、乔化密植制度向矮化密植集约制度变迁，由以科技含量较低的粗放型经营模式向以科技含量高的资本密集型经营模式过渡过程，但也处于产业转型发展的瓶颈期和关键时期。特别是进入 21 世纪以来，农村劳动力周期性与季节性短缺矛盾突出，劳动力投入的机会成本及地租等传统要素价格持续上涨，导致传统生产要素投入增长的边际贡献率逐渐减低。要素越来越稀缺及传统要素禀赋的约束越来越突出，诱导苹果产业发展逐渐由传统的土地、劳动、物质等要素投入转向依靠技术进步，进而诱导苹果栽培制度及经营模式变迁。

　　理论研究结论与实践发展效果均已表明，矮化密植集约栽培制度是一种具有技术简化、劳动力节省、便于机械设备操作特征的先进苹果栽培制度和果园管理模式，并在世界主要苹果产业发达国家得到广泛推广。苹果矮化密植集约栽培模式在中国已经经历了近 70 年的创新与推广历史，但在农业用地集体所有及土地承包经营权难以自由流转，农村劳动力丰富及劳动力价格相对较低，以及苹果产业技术进步缓慢及人力资本投资不足的市场环境中，矮化密植集约栽培制度难以替代乔化稀植制度和乔化密植制度。当前，我国矮化密植集约栽培果园面积仅占全国苹果种植总面积的 10% 左右。进入 21 世纪，特别是 2007 年以来，中央已经明确农户土地承包经营权长久不变，而且中央及省级地方政府均全力推进农地确权颁证及土地承包经营权流转，土地承包经营权及使用权市场发育也在加快。农村劳动力非农化及农业劳动力价格持续、快速上涨，苗木、化肥、农药、灌溉等要素价格也持续、快速上涨。在这种要素市场环境中，乔化稀植制度、乔化密植制度面临高成本、低效益的竞争环境，因而苹果产业技术界及各级地方政府更加重视推广矮化密植集约栽培制度。但实地调研过程中发现，在矮化密植集约栽培制度及经营模式推广过程中，明显存在政府热、产业技术界积极，但苹果种植户在果园栽培制度及技术模式选择中依然存在观望、担忧等行为特征，进而导致矮化密植集约栽培制度及其技术模式推广进展缓慢。是由于农业要素市场发育滞后环境中，要素稀缺诱致性规律在中国体制背景及市场环境中难以有效发挥作用，进而导致苹果种植户的技术选择行为扭曲？是由于政府主导的农业技术推广系统及其政策导向，背离了市场规律及苹果种植户的技术需求偏好？还是由于苹果矮化密植集约栽培模式在效率及效益方面缺乏比较优势，导致苹果种植户难以接受？是值得深入研究的重要问题。

为此，本研究依据要素禀赋理论与诱致性技术变迁理论，采用以规范分析与实证分析相结合的方法，以中国环渤海湾优势区和黄土高原优势区的 15 个苹果示范县、635 个苹果种植户的实地调研数据为基础，在资源与要素禀赋所诱致的苹果栽培技术的变化与相应的制度性投入方面进行分析，研究苹果栽培制度中矮化密植集约栽培模式发展缓慢的根本原因，并设计相应的解决方案。本书主要研究内容及章节规划如下。

第 1 章，导论。主要是设计本书研究方案。本章阐明本书的研究背景及问题，凝练本书的选题及研究目的和意义，综述和评价国内外苹果矮化栽培制度及技术模式、农业技术经济评价研究文献，对涉及的相关理论、方法进行详细阐释，并重点对国内外苹果产业经济研究进展进行评价。在此基础上，设计本书的研究视角、研究思路、研究方法及抽样方法和研究数据获取方法。

第 2 章，栽培制度及其理论分析。本章以苹果矮化密植集约栽培模式为研究对象，将诱致性技术变迁理论、创新理论与苹果栽培技术进步经济评价相结合，在对苹果栽培制度、砧穗结合、矮化栽培、乔化栽培、栽培密度等概念阐述与分析的基础上，系统分析苹果矮化密植集约栽培模式的定义、特征及属性、分类方法及典型类型，影响苹果矮化密植集约栽培模式推广及绩效的外生系统及外生因素、内生系统及内生因素，以及苹果矮化密植集约栽培模式推广绩效的测度方法与模型，建立苹果矮化密植集约栽培技术经济评价的理论分析体系。

第 3 章，苹果栽培制度发展与变迁。苹果栽培制度对苹果栽培模式、技术选择模式、生产效率具有决定性影响。世界苹果产业发达国家的栽培制度已经发生深刻变化，其中矮化密植集约栽培模式代表着苹果产业发展的方向。本章重点就世界典型国家苹果栽培制度及其技术模式演变的历史过程进行描述性分析，总结、归纳其中的规律及共同特征，以及值得借鉴经验模式及主要做法。系统分析中国苹果栽培模式及其技术模式的演变过程，以农业诱致性技术变迁理论为指导，总结矮化密植集约栽培模式替代乔化密植栽培模式的规律、特征，凝练其中存在的主要问题。

第4章，不同栽培模式对投入品需求的影响。本章运用要素需求模型及我国两个苹果优势产区、7个苹果主产省、612个苹果种植户的实地调研数据，估计并对比分析矮化和乔化两种苹果栽培模式对投入品需求的影响。结果表明，与传统乔化栽培模式相比，矮化密植集约栽培模式在提升苹果品质的前提下，会诱导苹果种植户增加使用农业机械、农家肥、化肥等投入要素，特别是有助于有效节约劳动力投入。因此，政府应在苹果适宜产区逐步推行矮化密植集约栽培模式，加快果园适用性作业机械及技术装备研发，完善苹果矮化栽培管理制度，从而推动传统苹果产业转型升级，建设具有国际竞争力的苹果产业体系。

第5章，矮化密植集约栽培模式与乔化密植栽培模式效益对比分析。本章采用反映两种栽培模式的成本结构、产出结构、投入产出比、要素密集度、要素弹性等指标，测算并比较分析其经济效益。结果表明，矮化密植集约栽培模式属资本密集型栽培模式，其资本投入对劳动的替代效应明显；在矮化密植集约栽培模式中，单位面积成本结构中的化肥、农药、套袋、机械折旧、燃油等投入费用（即可以用货币量化的固定投入和可变投入）显著高于乔化密植栽培模式。

第6章，不同栽培模式技术效率、规模效率及全要素生产率。本章运用DEA-Malquist指数方法，测算两种苹果栽培模式的技术效率、规模效率和全要素生产率。结果表明，在现实市场环境中矮化密植集约栽培模式的技术效率、规模效率优势未得到充分发挥；矮化密植集约栽培模式和乔化密植栽培模式这两种栽培模式的全要素生产率变化主要来自技术进步、技术效率、规模效率变化的共同贡献；矮化栽培模式和乔化栽培模式的全要素生产率呈现出波动增长的特征；无论是矮化栽培还是乔化栽培模式，其产出均未达到生产的前沿面。基于Tobit模型的回归结果证明，采用不同栽培模式的苹果种植户的技术效率主要受到户主受教育水平、参加技术培训情况、家庭身份背景、苹果园细碎化程度、家庭非农劳动力数量等因素的影响。

第7章，矮化密植集约栽培技术效率的区域差异及规模差异分析。本章运用采用矮化密植集约栽培模式的苹果种植户样本数据，分别按照黄土高原优势区、环渤海湾优势区、黄河故道区进行经济效益评价，进而分析基于矮化密植集约栽培模式的不同种植规模的经济效益。结论表明，矮化密植集约模式推广在不同优势区的苹果产出效益差异显著，其中黄土高原优势区的纯收入最高。从地理位置、气候环境看，虽然均为苹果的适生区，但果品质量存在明显差异。同时，果园规模对矮化密植集约栽培模式效益的影响也显著，而且规模经济效益显著。

第 8 章，结论与建议。基本结论认为，苹果矮化密植集约栽培模式在我国并未发挥其技术优势。虽然其在节约劳动要素投入与土地要素投入方面有较为显著的特征，但对现代要素——资本与机械投入的要求比传统栽培模式更高，且对果农个人综合素质要求更高。这也是目前我国苹果矮化密植集约栽培制度推广进程缓慢的根本原因。因此，必须依托苹果优势区，在注重培育农业要素市场、加快创新和推广果园机械及技术装备、完善苹果矮化栽培管理制度的基础上，稳步推广矮化密植集约栽培制度及其技术模式，才有助于推动苹果产业的转型升级。

邵砾群

2018 年 4 月 30 日

目　录

第 1 章
导　论

1.1　研究背景

苹果是世界性水果品种，栽培范围广泛，也是栽培历史最久的一种果树。其栽种范围主要分布在欧洲、美洲、亚洲，以及位于南半球的部分非洲国家。由于其品种资源丰富，既有成熟很早的品种，又有成熟很晚而且耐储的品种，因而苹果在各国水果供应市场上占有重要的地位。苹果原产于中国的新疆、河西走廊、中亚细亚及欧洲中东部地区。全球 36 种苹果属植物中就有 25 种原产于中国。中国的苹果栽培历史可追溯至 1400 年前，古称为"奈"，分白、红、青三类，即中国苹果，又称绵苹果，当时在我国甘肃河西走廊一带（武威、张掖、酒泉、敦煌）已是苹果的栽培中心。中国现代栽培的苹果源于西洋苹果，也是现代所称的苹果，是我国及当今世界广泛栽培的苹果类果树，具有很多优良品种。西洋苹果在我国的栽培历史很短，最早是于 1870 年从美国由传教士传入山东烟台，自 19 世纪末至 20 世纪初，又通过各种渠道传入辽南、青岛及西北、西南各地，经过 1949 年以来（特别是改革开放以来）的阶段性、波动性扩张，苹果已经成为中国最重要的水果产业。

1.1.1　我国苹果产业已进入内涵式发展阶段

我国苹果产业从改革开放以来发展迅速，主要表现在种植面积与生产产量的大幅扩张与增长。苹果的种植面积在 1978 ~ 2012 年大致经历了稳定发展、快速增长、迅速下降及缓慢增长四个阶段。在稳定发展阶段（1978 ~ 1984 年），基本维持在 1050 万亩①左右；在快速增长阶段（1985 ~ 1996 年），苹果

---

①　1 亩≈666.67 平方米。

种植面积从 1985 年的 1298.10 万亩增加到 1996 年的 4480.20 万亩，年平均增长 289.35 万亩；在迅速下降阶段（1997~2003 年），苹果种植面积从 1997 年的 4257.45 万亩下降到 2003 年的 2850.60 万亩，年平均减少 234.45 万亩；在缓慢增长阶段（2004~2012 年），苹果种植面积从 2004 年的 2814.90 万亩增加到了 2012 年的 3347.10 万亩，年平均增长约 66.60 万亩。从苹果的产量变化角度来看，从 1978 年的 227.52 万吨增加到了 1991 年的 454.04 万吨，年平均增长 17.42 万吨。20 世纪 90 年代至今，苹果产量由于幼园不断投产及其生产水平的提高，产量先后经历了两次高速增长阶段。

另外，根据《全国农产品成本收益资料汇编》数据显示，我国苹果生产的商品率由 1991 年的 58.90% 逐年上涨到 2015 年的 99.18%，增长了 68.39%。苹果生产主产品产值也由 1995 年的 2501.75 元/亩上涨到 2012 年的 8248.12 元/亩，产值增加了 229.69%。在苹果生产的要素投入方面，苹果生产总成本主要包括土地成本、人工成本、物质与服务费用三部分，其中物质与服务费用包括直接费用（含农药费、农家肥费、农膜费、树苗费、工具材料费、化肥费、租赁作业费等）和间接费用（含固定资产折旧、保险费、销售费等），人工成本主要包括家庭用工折价和雇工费用，土地成本主要包括流转地租金和自营地折租。

从以上数据可以看出，苹果产业的发展已经从传统的种植面积和产量扩张阶段，逐步转向注重苹果质量、提高苹果栽培技术、促进苹果栽培技术进步的内涵式发展阶段。苹果种植与栽培中对要素的需求发生变化。同时，在国民经济快速发展与增长的过程中，劳动力成本与物质资本成本的增加，使得苹果生产的投入要素结构发生重大变化。因此，农业技术进步成为现代苹果产业发展可持续增长的驱动保障。

1.1.2 我国苹果栽培模式正处于关键变革时期

1991 年以来，我国苹果种植在亩产量和产值上呈现出总体上升的态势。根据《全国农产品成本收益资料汇编》数据显示，1991~2012 年，我国苹果亩产量从 1082.60 千克，增长到 2058.55 千克，增长 90.15%；亩产值从 1458.37 元，增长到 8768.25 元，增长 502.89%；我国苹果种植生产总成本和净利润则表现出较大的波动，由于 1996 年以后生产成本快速增长，相应利润的急剧减少，而 2004 年以后，产量和产值的增加，又使得利润逐年呈现上升态势。2010 年的亩均利润达到最高，为 5031.68 元/亩，2011 年和 2012 年，苹果生产的亩均利润出现下降趋势。苹果生产的劳动成本、物质成本，包括直接费用（化肥、农药、农膜、机械作业与工具材料的成本与费用）都在快速上涨，苹果生产的净利润下降显著。苹果生产的成本利润率 1991 年为 90.20%，1991~1995 年基本徘徊在 100%~120%，而 1997 年~2003 年，苹果生产的成本利润率急速降至 22.28%~53.63%。到 2004 年，苹果生产的成本利润率开始上涨，从 70.34% 逐渐逐年上涨至 2007 年的 102.01%，但从 2008 年开始，出现波动，且波动幅度较大，2008 年和 2009 年的苹果生产利润率又降至 80% 左右。2010 年与 2011 年受国际浓缩苹果汁价格上涨影响，苹果的成本利润率有大幅度增长，分别为 130.71% 和 110.85%，但至 2012 年又回落至 84.86%，苹果种植的风险进一步显现。

近 35 年来，世界苹果栽培制度发生了深刻变化，完成从乔化稀植—乔化密植—矮化密植集约模式的变迁过程（高敬东等，2013）。欧洲及美国、日本等世界苹果产业发达国家已基本完成矮化密植集约栽培方式的转变，苹果矮化密植集约栽培模式已成为世界主要苹果种植国普遍采用的栽培技术（李丙智等，2010）。传统的乔化密植栽培模式成花坐果难、树冠大、管理成本高、人工投入多，且随着大量农村剩余劳动力向城市转移，以及城镇化建设的发展，乔化密植栽培模式已经不适应现代农业产业的发展。而苹果矮化密植集约栽培模式具有管理方便、产量高、结果早、更新快、管理技术简单、苹果质量好、便于机械化作业、易于标准化生产等优点，已成为苹果栽培制度变革的发展趋势。

1.1.3 我国苹果产业竞争力提升必须改造传统栽培制度模式

在农业发展的早期阶段，传统农业的主要特征是精耕细作、生产规模小、技术的获取基本依靠世代积累的经验和直观的观察和操作。传统的农业主要依靠农业系统的内部循环转换，通过传统要素的投入，在农业内部半封闭循环。传统农业的发展需要不断投入劳动和土地资源，投入的物质和能量较少，生产效率较低。其资源要素水平和技术状态长期基本保持稳定，且经过世代使用，各种生产要素均已达最佳配合，但由于其能量和物质的低层次循环，其内部发展的潜力有限，新生产要素对生产促进作用微乎其微，从而造成了劳动生产率及土地生产率双重低下。在这种生产制度下，生产要素的变化基本上只在数量上变化，少有质量的改进和生产方式的改变。农业技术的使用和发展也是处于长期不变的状态，难以实现大规模生产。

现代农业相对于传统农业呈现高投入、高产出、高效益的开放循环特征。作为一种商品化、社会化、科学化、资金和技术集约化的农业形式，其优势在于可以充分利用先进物质装备和现代科技，特别是高新技术，可大幅提高劳动生产率和土地生产率，并成为现代经济增长动力的源泉之一。在三个主要要素的驱动下，现代农业不断发展与变化。一是新技术技术革命浪潮的冲击与推动。二是现代技术的产生与使用。由于人口结构发生改变和土地供给的稀缺性矛盾的突出，自然资源和环境问题严重，需要可持续发展观念和与之相对应的现代农业生产技术推进现代化农业的健康发展。三是人们消费需求的水平不断提高，从原来只是产品消费的数量满足，转向追求农产品的高质量、多品种、营养保健和绿色安全。同样，在苹果产业的生产与发展中，传统的栽培模式容易形成要素投入效率低、消耗高、产出低的结果，已经不能适应现代苹果产业的发展。因此，需要通过相关研究来判定苹果矮化密植集约栽培模式这种新的苹果栽培模式是否适应我国苹果产业现代化发展的变迁趋势。

1.1.4 苹果产业发展方式必须向技术密集型转变

与传统农业主要依赖资源投入不同，现代农业依赖持续更新的新技术投入，新技术是现代农业的发展动力。目前，这些新技术主要包括信息技术、生物技术、节水灌溉技术、耕作技术等。新技术的应用使得农业增长方式由单纯依靠资源的外延式发展转为提高资源利用效率和持续发展能力的内涵式发展。这样不仅可提高农产品的单位产量，改善农产品品质，而且还可以减轻劳动强度，节约能耗和改善生态环境。农业将是全球资源短缺背景下效益最好、最有前途的朝阳产业。

技术进步作为苹果产业发展的第一生产力，是提高土地利用率、劳动生产率，保障苹果市场供给，提高苹果产业综合生产能力的关键因素。中华人民共和国成立后，尤其是改革开放以来，伴随着苹果产业科技推广服务体系的完善，苹果科学技术进步速度整体加快，科技进步贡献率不断提高，从而为促进苹果产业结构转型升级和提高果农收入做出突出贡献。一种新的农业技术在稀缺资源的诱导下会产生巨大市场需求，在要素资源稀缺和市场需求的诱导下会对该技术的大规模推广产生影响。从要素资源与农业技术变迁的角度分析可知，要素资源的稀缺程度可诱致技术变迁。因此，需要将苹果矮化密植集约栽培制度产生与推广的要素需求因素，这种栽培模式对要素投入需求的影响，以及苹果矮化栽培技术对产业发展的贡献程度等问题进行研究，才能判断推动技术发展的主要动因是技术本身的变迁，还是有利于创新制度的安排，从而了解苹果矮化密植集约栽培制度这种新的苹果栽培制度是否适合中国苹果产业发展的现状；并且通过研究获知苹果矮化栽培制度在中国苹果栽培与种植的过程中无法快速推广的真正原因所在。

1.1.5　技术市场变迁与要素禀赋结构决定农业技术进步方向

社会资源的配置机理必然要求相对丰裕的要素替代相对稀缺的要素，以提高资源配置效率。希克斯（Hicks）认为技术的变革应该是由要素禀赋的结构所决定的，这也是技术变革的发展方向。而要素禀赋的结构制约了经济的增长。根据要素的投入结构来划分，可以将技术变革和创新的类型分为三种：劳动节约型、资本节约型和中性技术进步（Hick，1963）。Hayami 与 Ruttan（1985）的研究也发现，促进农业的发展，需要依靠技术的进步，而技术进步的发展路径，则需要摆脱要素禀赋的约束，因此对希克斯的诱导创新理论进行发展，形成诱致性技术创新理论。技术变革的路径是由其要素禀赋的相对价格变化来引导的，也就是说要素的相对价格的变动会诱导技术变革或者技术进步的方向。林毅夫（1992b）的研究也更进一步说明了一个国家的技术进步的发展，是由要素禀赋结构的升级所带来的，也就是说技术进步的升级的内在动力，是由国家的要素禀赋的结构所决定。对于技术进步而言，要素的结构以及要素价格变化会对技术进步的方向起到决定性的影响。因此，对于苹果产业来说，苹果生产技术的创新及推广，依赖于生产要素禀赋结构的变化，而要素价格的相对变动会诱使农户对新技术的采纳做出理性选择。

近年来，在劳动力资源日渐稀缺、要素价格快速上涨、土地非农化趋势加快的工业化背景下，世界各国苹果产业发展都面临着土地与劳动资源的双重约束，苹果产业的发展也呈现资本要素对土地与劳动要素的替代趋势。根据《全国农产品成本收益资料汇编》数据显示，从构成苹果生产总成本的三大组成部分来看，1991 年物质与服务费用、人工成本、土地成本的比例为 58∶28∶14；到 1998 年，该比例达到了 48∶40∶12，人工成本相对其他两项有了明显提升，而土地成本基本维持不变；2004 年，人工成本所占比例进一步扩大，物质与服务费用、人工成本、土地成本的比例为 47∶46∶7；而到 2011年，人工成本所占比例已经超过了物质与服务费用所占的比例，物质与服务费用、人工成本、土地成本的比例为 46∶47∶7。苹果栽培的投入要素结构已经发生了显著地改变。

技术市场的发育与变迁加之苹果生产要素禀赋结构的变化，以及要素价格的相对变化，导致苹果栽培技术由乔化稀植栽培制度—乔化密植栽培制度—矮化密植集约栽培制度变迁。与乔化栽培制度相比，苹果矮化密植集约栽培制度具有节约劳动力与土地资源的优点，是资本密集与技术密集的技术模式，矮化密植集约栽培替代乔化密植栽培是农业诱致性技术变迁规律的发展必然，传统的劳动密集型技术模式在现在的技术市场变迁与要素结构与价格变动的背景下，将由传统的劳动密集型技术模式向资本与技术密集型技术模式变迁。因此，有必要对我国苹果产业的矮化密植集约栽培制度的栽培现状、栽培制度的变迁过程与机理，以及我国苹果栽培的技术创新的诱致性因素进行研究，以期寻求新的栽培制度在我国苹果栽培的演变过程中发展缓慢的根本原因。

1.2　研究目的和意义

1.2.1　研究目的

中国苹果栽培面积和产量都居于世界第一位，苹果也是我国的第一大水果，栽培面积和产量也位居全国水果总面积和产量的前列。在苹果栽培制度方面，自 20 世纪 50 年代，在世界范围内，世界的苹果栽培制度发生了深刻的变化，其栽培制度已经基本完成了从乔化稀植—乔化密植—矮化密植集约模式的变迁过程。中国苹果栽培管理制度经历了由粗放化栽培管理制度向集约化栽培管理制度的演变过程。已有相关研究显示，矮化品种与传统品种相比具有无可置疑的产量优势，并且在矮化栽培模式中，栽培技术是规模中性的和劳动节约型的，更加适合于灌溉条件良好以及具有便利水利设施的地区（Barker and Herdt，1985）。但是已有研究对多年生矮化栽培制度及其技术模式的经济属性关注不够。因此，本书研究的目的规划为以下五个方面。

（1）以要素禀赋理论、诱致性技术变迁理论为指导，总结世界苹果栽培制度与中国苹果栽培制度变迁的发展规律、趋势。从苹果栽培的技术变迁角度，分析苹果栽培制度及其技术进步的原理与苹果砧木种类（乔砧与矮砧）及繁育特征，归纳总结苹果矮化密植集约栽培制度的主要特征，并发现其中存在的问题。

（2）分析传统栽培技术与现代栽培技术在资本–劳动比率与产出/劳动间的关系，研究苹果的乔化密植栽培模式与矮化密植集约栽培模式对投入要素的需求影响。通过建立要素需求函数，分析矮化栽培技术对传统投入（劳动）和现代投入（化学品投入和机械动力）需求的影响。

（3）在前面研究的基础上，通过对比矮化密植集约栽培模式与乔化密植栽培模式的技术经济效益，分析矮化密植集约栽培模式的技术经济优势与发展制约因素，采用 C–D 生产函数（指数函数形式的非线型模型）对两种栽培模式的建园成本、投入成本结构、产出结构、要素密集度、要素弹性与规模收益及科技贡献率，进行对比分析与技术经济评价，从经济效益角度验证矮化密植集约栽培制度是否对苹果产业转型升级具有更高的产业效率。

（4）对投入品需求状况是苹果栽培技术进步的重要条件。即如果现代栽培技术不能提高生产率，农户将不会接受并采纳新的栽培技术。因此，在分析矮化密植集约栽培模式对传统投入和现代投入的需求，以及传统栽培制度与矮化密植集约栽培制度的经济效益的基础上，考察分析矮化技术在提高生产率方面的贡献，测度不同栽培模式下苹果种植户的技术效率和全要素生产率的变化。

（5）在明确两种不同栽培制度对要素需求和技术贡献的基础上，按照不同种植区、不同种植规模，分析矮化密植集约栽培模式的经济效益。已有研究表明，矮化栽培在技术上具有规模效应，在劳动等传统要素投入方面具有节约效应。因此，需要将矮化密植集约栽培模式的栽培规模与不同栽培区域的经济效益进行分析，探寻在现行要素禀赋条件下，矮化密植集约栽培制度在我国的推广前景和适应性问题。

1.2.2 研究意义

1949 年以前，我国苹果栽培面积很小，产量也非常少（王宇霖，2011）。1949 年以后，在国家多种经营发展农业生产方针的政策指导下，苹果生产得到快速发展。改革开放后，尤其是 20 世纪八九十年代，在我国环渤海湾地区的山东、辽宁、河北，以及黄土高原地区的山西、河南、陕西、甘肃等省份开始大规模发展苹果产业。根据美国农业部经济研究服务局（USDA ERS）数据，2012 年/2013 年产季中国苹果产量达到 3800 万吨，约占世界总产量的55.60%，两项指标都为世界第一。在苹果种植面积与产量共同快速增长的同时，中国的苹果生产特征基本完成了以种植面积增加为主的外延扩张的发展阶段，已经开始步入改进苹果果品质量、提高果园管理效率和效益为主的内涵发展阶段。但一个产业要想保持持续发展，就要实现要素回报递增。在短期内，技术进步成为农业产业持续发展的有效路径，这种可持续发展的实现方式，则需要通过提高要素的投入及对要素的有效配置和优化利用来实现。对我国农业发展来说，必然面临要素资源越来越稀缺，资源禀赋对农业发展的约束变得越来越突出的局面。如果农业技术水平保持不变，增加要素投入的边际生产力会呈现出逐步递减的趋势，使得这一途径的发展潜力有限（林毅夫，2003）。因此，农业产业发展的推动力必然会逐渐由传统的要素投入增加，包括土地、劳动、物质等要素，转向依靠技术进步。技术进步的内涵非常丰富，不但包括生物技术、化学技术及机械技术等硬件设施设备的技术进步，还包括决策技术、管理技术、经营技术等软件的技术进步，以及它们在生产实践过程中的广泛应用。2012年中央一号文件《关于加快推进农业科技创新持续增强农产品供给保障能力的若干意见》中也明确指出了"农业科技是确保国家粮食安全的基础支撑，是突破资源环境约束的必然选择，是加快现代化农业建设的决定力量"。因此，具体到苹果产业的升级与发展，必须依靠相应的农业技术进步来作为发展的前进动力。

我国的苹果产业发展正在经历乔化稀植—乔化密植—矮化密植集约制度的变迁与苹果栽培技术进步过程，面临着产业转型发展的瓶颈期和关键时期。劳动力周期性与季节性短缺矛盾突出，土地要素、物质要素等传统的农业生产投入要素价格的持续上涨，必然会影响生产投入要素结构发生变化。果园生态环境也在逐步恶化，传统要素的投入增长，不再能带来产出的增长，其对苹果种植的收益贡献率逐渐降低，甚至为负。因此，传统要素成本的持续上涨，将会推动苹果生产过程中的传统要素投入结构变化。根据国家现代苹果产业技术体系固定监测点的检测，2011年苹果种植过程中的各环节总的生产投入成本比2010年上涨18.14%，向以技术进步为特征的内涵式发展模式进行转变。矮化密植集约栽培制度是世界主要苹果生产国已经广泛应用推广的新的苹果栽培制度，是一种具有技术简化、劳动力节省、便于机械设备使用的先进栽培制度（马宝焜等，2010）。我国从1951年开始引入矮化砧木以来，矮化密植集约栽培制度在中国已经经历近70年的创新与推广，但至今日，我国矮化砧果园面积仍仅占全国苹果种植总面积的10%左右，发展进程缓慢。

针对上述问题，本研究以诱致性技术变迁与要素禀赋的分析视角，运用规范分析与实证分析为主的研究方法，以苹果种植户为基本研究单元，对比分析苹果矮化密植集约栽培模式的技术经济评价理论体系。运用实证分析的思路与方法，研究和设计苹果矮化密植集约栽培模式与乔化密植栽培模式在技术的生产函数、要素的投入结构与配置效率、技术的选择、苹果生产的成本收益、栽培技术的应用效率等视角，对苹果矮化密植集约栽培制度的技术效率与效益进行技术经济评价，进而对乔化密植栽培模式（传统栽培方式）与矮化密植集约栽培模式（现代栽培模式）在种植区域与种植规模层面进行对比分析，用以评价与揭示中国苹果栽培制度变迁的规律与方向。

进行该研究的理论意义与学术价值为：在归纳分析世界及中国苹果栽培制度的演进规律与技术变迁趋势的基础上，对苹果栽培制度与苹果栽培模式、技术选择模式、生产效率与效益进行技术经济评价，并且总结、归纳其中的规律及共同特征，以及值得借鉴经验模式及主要做法。以农业诱致性技术变迁理论为指导，总结矮化密植栽培模式替代乔砧密植栽培模式的规律与特征，凝练其中存在的主要问题。在此基础上，通过对比分析矮化密植集约栽培模式与乔化密植栽培模式对投入要素需求的特征及其影响因素；对比分析矮化和乔化两种苹果栽培模式对投入品需求的影响；评价乔化密植栽培模式、矮化密植栽培模式的经济效益，以及两种苹果栽培模式的技术效率、规模效率与全要素生产效率。最后在对栽培模式的技术效率与效益评价的基础上，对矮化密植栽培模式的规模效益及其区域差异进行分析，以期建立矮化密植集约栽培制度。科学栽培制度的建立能够有效节约稀缺要素投入，可以整合不同地区的要素禀赋特征，科学界定要素产权，明确交易信息，降低交易成本，从而能够科学有效地对稀缺要素进行合理配置，实现苹果种植的规模经济与专业化，使得苹果产业能够可持续发展。

1.3 文献综述与评价

1.3.1 苹果矮化栽培技术研究方面

在矮化苹果栽培技术方面的研究，国外主要从 20 世纪七八十年代开始至 21 世纪初，集中在矮化砧育种、砧木性状评价与果园管理标准化、苹果的致矮机制、矮化育苗、机械化技术应用等方面。例如，关于砧木抗病性方面，在湿度较大的地区，由于苹果茎腐病比较严重，有相关研究针对矮化抗病砧木 MM_{116} 进行试验，MM_{116} 为 MM_{106} 与 M_{27} 杂交育成，试验认为 MM_{116} 抗病砧木嫁接苹果的产量与 MM_{106} 相似，但树体较小，应该是制汁品种的良好砧木（Dunn，2009）；美国康奈尔大学研究认为砧木 B_9 与 M_9 相比，B_9 更表现出高的抗病性（Russo et al，2008）。在砧木对接穗的影响方面，研究主要集中在评价苹果矮化砧木的园艺性状、抗逆性、适应性等方面，例如，苹果矮化砧木雨中计划（NC-140 项目）涉及 23 个砧木系号和接穗品种，在美国、加拿大、墨西哥等国家的 12 个试验点，经过 5 年时间的研究认为，CG5935、CG3041 等四个品种是具有高产潜力的系列砧木（Marini et al，2009）。意大利研究者研究了苹果矮化中间砧 M_9 和 M_{27} 的不同中间砧长度与砧穗结合对苹果树致矮效果的影响（Di Vaio et al，2009）。在矮化砧木致矮机制研究方面，通过对矮化砧木 M_9 和非矮化砧木 MM_{106} 对比研究发现，通过减低长枝数量、增加成花量可以引起树势减弱，导致树体矮化（Seleznyova et al，2008）；但也有研究者发现，即使致矮性不同，结果能力不同的砧木，对短枝新发的新梢停止生长的时间或花芽形态出现分化的时间没有影响（Koutinas et al, 2009）。关于砧木的繁殖方面，研究者发现矮化砧木 M_{26} 在生根培养基对比试验中，在 0.1mg/L 的 IBA 生根培养基中可获得最高的生根率（Gjamovski et al, 2009）；MM_{106} 砧木离体培养条件下在蔗糖水平与光和能力成正相关关系（Nacheeva et al, 2009）。但在近十年关于矮化苹果栽培方面的研究中，国外的相关研究渐少。国际矮化果树协会（IDFTA）也于 2003 年更名为国际果树协会（IFTA），表明国外果树的矮化栽培在技术应用方面已经成熟。近期国外相关的矮化研究主要涉及的是苹果矮化砧木抗性方面、新类型和新种质的性状及产能评价。美国的 NC-140 项目近期的研究报道涉及了抗棉蚜、抗重茬等研究，以及不同砧木系在近 5 年的生产效能试验研究；加拿大的有关研究主要涉及 SJM 系砧木的抗寒性、抗苹果棉蚜和抗疾病、腐病方面；日本则主要集中于 JM 系砧木的应用情况方面的研究。

国内的学者关于矮化苹果相关研究多集中在 20 世纪八十年代，后由于国内农业生产要素禀赋结构与要素投入约束，并且由于国外引进砧木适应性问题，矮化苹果的研究几乎处于空白。近几年，由于我国城镇化建设加快等因素，大量农村劳动人口由农村转移城市或非农化，使得农村劳动力成本快速上涨，土地要素资源约束凸显，以及化肥、农药等农业生产资料价格上涨加剧，我国农业产业发展面临转型与产业升级局面。我国的苹果种植也面临着大量传统老式果园果树衰退，尤其是在今后 5~10 年时间，我国苹果需要大规模更新换代，新建果园的栽培技术与制度的建立是苹果技术研究者需要迫切需要解决的重要议题。从 20 世纪 90 年代开始，越来越多的苹果栽培技术研究者们将目光集中至苹果矮化密植集约栽培模式在中国的应用与推广方面。这些研究主要集中在以下几个方面。

一是主要集中在对于具体的苹果栽培技术的不同研究，包括矮化苹果的砧木选择、嫁接品种与砧木的适应性问题等方面。原永兵等（2011）对国内的现代苹果矮化密植集约栽培技术存在的问题做了系统分析，在借鉴欧洲苹果栽培经验的基础上，在山东省胶东地区做了苹果矮化站密植栽培的试验，在采用 2 年生矮化自根砧 M_9T_{337} 并进行株行距 1m×3.5m 栽种密度的条件下，通过改良土壤和使用配置有机质肥，测算了不同年度不同苹果品种矮化栽培的产量情况。李丙智（2012）则研究了矮化砧 M_9 砧木的适应性问题，认为 M_9 矮化砧扎根不稳，其抗性不如矮化砧 M_{26}。杨进等（1981，1994）对苹果矮化砧木生产性能进行了研究，通过对 1963 年引进的矮化砧木 M_2、M_4、M_7、M_9 与山定子的对照试验，将中间砧和自根砧进行分类，在栽种株行距为 3m×3.3m 的密度条件下，经过 9 年试验，结果发现，自根砧比中间砧生长量小，其中 M_9 的固定性较差。王继世和董绍珍（1989）对苹果砧木的利用情况进行了研究，认为 M_9 砧木在我国虽然表现矮化效果好，果树结果早，但其生长势弱，固定性差，容易倾斜，不耐旱不抗寒，适用范围较小。戈授生等（1981）对苹果矮化的中间砧做了比较试验后认为，1975 年引进并定植的中间砧 M_2、M_3、M_7、M_9、MM_{106} 的抗寒性较好，可在内蒙古地区安全过冬，且 M_9 的产量最高。于敬等（1982）在山西对 M 系砧木的适应性进行试验后认为，M_7 与 M_9 在山西适应性最好，且 M_7 在肥水条件方面要求更低，更适合山西地区选用。王海江和郎士风（1983）对苹果矮化中间砧及其组合的抗寒性进行试验后发现，砧木之间的抗寒性差别很大，需要根据不同苹果栽种区域选择适合的砧木进行矮化栽培。温树英和伊凯（1982）研究了富士苹果嫁接在 M 系矮化中间砧上的生长表现，从 1974 年开始的试验显示，不同栽种密度中，砧木 M_7 在6~8年时候表现出亩均最高产量。赵树春等（1983，1988）对苹果矮化中间砧做了不同区域的试验，发现不同砧木的冻害指数区别很大，不同砧木的致矮程度也相差较大。马宝焜等（1999）对苹果矮化中间砧做了比较试验，发现在 1978 年河北石家庄建园的苹果园中，品种为红星、金冠、国光，砧木为 M_2、M_4、M_7、M_9、MM_{106} 等在不同年度所表现出的冻害与抽条状况不同，另外提出了中间砧的固定性问题。邹云贵（1982）对苹果的品种和矮化砧的组合做了相关的研究，结果表明以 M_7 做中间砧，嫁接金冠、红星、国光、富士等苹果品种的表现良好，树形矮小，结果早且产量高，尤其是用 M_9 作为中间砧嫁接富士品种，矮化效果好，可以较早实现丰产。王继世和董绍珍（1989）对黄河故道地区的苹果矮化砧木的适应性做了试验研究，发现 M_9 砧木作为中间砧更有可取之处，而砀山果园使用 M 系的不同砧木所表现出的产量不同，对于不同的砧木的种植密度也不同。邓熙（1986）对苹果矮化中间砧的利用问题研究后认为，中间砧比自根砧在树冠大小、苹果产量与苹果品质上没有明显差别，但新梢长势更旺；M_{26} 组合的结果时间更早，产量更高。高登涛等（2012）对我国中西部地区的两类矮化密植集约苹果园的生产效率及光照质量进行了评价，认为采用 M_{26} 中间砧，以细长纺锤形和改良纺锤形的中密度栽培模式可为中部地区的矮化密植集约苹果园的建设和管理提供栽培技术的应用参考。

二是在国际矮化苹果栽培技术引进与经验借鉴方面，现有的研究主要集中在对意大利、法国、荷兰、英国、日本等苹果生产大国与技术发达国家的矮化密植集约栽培技术与砧木应用等方面。以日本为例，对于苹果矮化栽培技术的研究，最早开始于 1962 年。随后，在 1970 年前后，矮化栽培模式开始在日本的长野县和岩手县大规模种植。20 世纪 80 年代初，日本的苹果矮化栽培面积已经达到了其全国苹果栽培总面积的 20%。意大利的苹果矮化栽培模式，是从 1969 年在南提洛尔地区建立的第一片细长纺锤形高密度果园开始的，这个果园的苹果矮化砧木都是以 M_9 为砧木。至 20 世纪 90 年代，意大利新的矮化密植栽培果园已扩展到 24 万亩，占该地区苹果栽植总面积的 90% 以上。欧洲地区应用矮化砧木作为苹果栽培模式最早的国家是荷兰，它是欧洲应用矮化砧较普遍的国家之一。由于其利用矮化砧技术，苹果产量大幅度快速提升，很快跃升为欧洲的主要苹果出口国之一。到了 20 世纪 80 年代，荷兰全国有 70% 以上的苹果树是用 M 系砧木嫁接，主要推广 M_9、M_1、M_2、M_4、M_7 等砧木。至今，所有的新建果园几乎全部使用矮化砧木作为主要栽培选择。日本苹果矮化栽培是株株用钢管支架，生产成本太高，与日本式相比，意大利式苹果矮化密植集约生产模式，对我国的苹果生产借鉴作用更大。意大利的苹果生产多是以家庭农场的形式，2010 年逐渐采用矮化密植集约栽培技术体系，使产量由原来的平均每亩 2 吨多提高到 4 吨多。韩明玉和李丙智（2013）对西欧的法国、意大利、荷兰三国进行考察和学习，总结了三个国家在苹果矮化集约栽培模式的果园管理技术、砧木繁育技术等方面的先进经验；李丙智等（2007）对世界苹果矮化砧木的应用状况做了研究，主要对英国、法国、意大利、荷兰、德国、日本等 12 个国家的矮化砧木应用情况做了详细研究，总结了国外矮化砧应用的成功经验，并对国内发展矮化苹果栽培提出了相关建议，认为国内矮化苹果发展应该注重苹果良种苗木的繁育，加强砧木与品种的组合研究以及中间砧入土深度，以免成为乔化栽种等；孙建设（2011）对日本苹果的栽培技术现状做了总结归纳，从日本苹果栽培与机械方面及植保方面做了分析，认为日本在栽培措施、果园通风透光方面与新技术的推广与应用方面的成功经验值得国内借鉴和学习；王永杰（1992）对美国、日本、西欧、新西兰等苹果栽培技术先进国家和地区的栽培经验及发展趋势做出总结，为国内苹果引种提供依据；杨振峰（2009）对国内外的苹果质量问题做了分析对比研究，认为我国苹果外观质量明显提高，但理化品质低下问题突出，尤其苹果农药残留状况与欧盟和美国相比相差甚远；王宇霖（1994）对世界苹果栽培品种与发展趋势分国别和地区做了全面的归纳和总结，并预测未来苹果品种的发展趋势是向耐储藏、结果早、产量高等方面发展；陈学森和韩明玉（2010）也对世界苹果产业的发展趋势以及对国内苹果产业高效发展的经验借鉴做了分析研究，认为要使国内苹果产业实现高效优质发展，必须借鉴世界苹果生产先进国家的大品种、大苗木、矮化性、技术标准化与规模化等方面的先进技术。

三是对国内矮化密植集约栽培技术推广与应用过程中出现的问题进行归纳总结，并对今后国内苹果栽培发展方向做出预测。一方面，我国苹果品种的种植结构正在经历巨大转变，陕西、甘肃、山西、河南等省份苹果种植面积增长较快，陕西取代山东成为我国最大的苹果生产省；另一方面，我国苹果的品种构成与栽培模式也发生了较大的变化，在品种结构方面，富士系占绝对主力，其次是元帅系、秦冠、嘎啦、国光等。但富士系品种占我国苹果品种比例过高，造成苹果疏花疏果季与套袋、摘袋、采摘季用工紧张，上市时间也过于集中等问题。在栽培模式方面，由于 20 世纪 80 年代和 90 年代初苹果产业发展初期，果园栽培模式为乔化密植栽培模式，目前面临果园郁闭改造，需要采用间伐、疏枝、抬干、落头等老果园改造技术，且已在苹果主产省中取得了明显效果。今后的苹果栽培发展需向矮化密植集约栽培模式进行，栽培制度也发生了深刻的变化（韩明玉，2010；木生和田琳，2012）。我国苹果产业发展存在的问题主要表现在产业化程度低、生产布局和品种结构不合理、标准化生产技术普及慢，果品整体质量不高等方面（赵玉山，2014）；除了在果园管理方面的不足之外，我国苹果栽培与生产还存在着资源环境与土地资源约束日益加剧的问题，因缺乏优良种质资源保护，生产上的主要栽种品种需要依靠国外进口，并且缺乏与现代化集约栽培相适应的可供市场化大量应用的优良矮化砧木（翟衡等，2007）。对于苹果矮化栽培现状的归纳与总结，相关研究者认为，我国苹果矮化栽培存在地域发展不均衡、矮化砧木应用品种较杂、砧木栽植过深、栽培技术不配套、矮化苗木质量不过关及砧木的适应性、矮化性和亲和性不足等问题，加之果园管理技术水平参差不齐，矮化密植集约栽培技术的服务体系不健全，我国苹果矮化密植集约栽培模式发展缓慢（马宝焜等，2010；鄢新民等，2007；韩明玉，2010；孙建设，2008；李丙智；2008；王金政等，2010）。众多研究者通过对国外矮化密植集约栽培技术的借鉴，并结合国内苹果产业发展现状，认为我国苹果栽培未来发展应该向规模生产、标准化栽培与管理、无公害与绿色果品、有机果品转型，并且提高产后的储藏与加工能力（马峰旺，2004）；在栽培技术方面，苹果矮化密植集约栽培是未来我国苹果栽培发展的方向与趋势，目前研究的主要任务是应从加强优质大苗繁育、规范栽植技术、筛选适应性砧木、加强矮化栽培配套技术等方面为矮化密植集约栽培技术的全面应用与推广提供技术支持（马宝焜等，2010；韩明玉，2010；孙建设，2008；李丙智等，2007；鄢新民，2011；王金政等，2010）。李丙智等（2010）认为我国矮化砧木发展缓慢的主要原因包括：没有推出适应当地条件的特色矮化砧木；选用苗木质量较差；栽植密度不适；中间砧入土过深；结果早，树早衰；树形不适宜，良砧与良法不配套；中心干生长弱，树干歪斜；果园管理较差。其还对不同地区矮化的发展分别提出建议。王金政等（2011）通过对山东矮化苹果栽培现状的系统调研发现，至 2009 年，山东矮化果园面积为 42.9 万亩，占全国苹果总面积的 8.94%；中间砧面积 42.44 万亩，占山东矮化苹果总面积的 98.77%；自根砧面积 0.53 万亩，占山东矮化苹果总面积的 1.23%。他们认为山东矮化苹果栽培存在的问题有：苗木质量差、树形不适宜、整形修剪技术不配套、果园肥力较差、结果树易早衰。并提出以下建议：科学规划，适地建园；选用优质大苗建园；选择适宜砧木、规范栽植技术；实行宽行密植、支架栽培；应用高效树形和适宜的整形修剪技术；加强矮化栽培配套技术研究。毕振良（2012）认为矮化苹果栽培中存在的主要问题有：矮化砧木品种区域化研究不系统；苗木质量较差，园貌不整齐；整形修剪技术不配套；片面追求早期产量，造成结果树早衰。针对以上问题他提出如下建议：选择适宜砧木；选用优质大苗建园；实行宽行密植、支架栽培；应用适宜的整形修剪技术。鄢新民（2012）也认为苹果矮化栽培存在着地区之间发展不平衡、矮化砧木应用品种较杂、矮化苗木质量不过关、技术服务体系不健全等问题。其认为要使苹果矮化栽培模式获得健康发展，应做好以下工作：加大科研投入，靠政策倾斜加大科技推广和服务力度。贺亚丽等（2013）认为三门峡市苹果矮密栽培发展缓慢的原因有：①宣传不到位；②苗木繁育难度大；③建园投资较大；④技术要求较高。其针对以上原因提出了相应的发展对策：①加大宣传力度，推动发展；②实行集约化育苗，保障发展；③开展科研开发，科学发展；④应用先进成果，高效发展；⑤推广典型经验，带动发展。辽宁的苹果矮化栽培模式的推广，始于 1965 年，从大连、营口、葫芦岛等地开始试验推广，随后慢慢在周边区域扩大应用范围。但由于矮砧抗冻性较差，适应性及管理问题也不能适应当地的气候及自然条件，矮化密植栽培模式并没有在当地形成栽培规模。2011 年，辽宁苹果矮化密植栽培技术推广的总面积大约为 32.79 万亩，占全省苹果栽培总面积的 9.0%；苹果矮化栽培应用的砧木主要有 M_9、MM_{106}、MAC_9、M_{26}、GM_{256}、77-34、辽砧 2 号等，但以 GM_{256} 为主，采用中间砧利用方式，基砧为山定子；栽培株行距为（2~3）米×（3~4）米，嫁接方法以芽接为主，苗木为 2 年出圃的快繁育苗（谷大军等，2018）。赵德英等（2013）认为辽宁苹果矮化栽培存在问题较多，主要表现为：苹果园基础建设薄弱，建园成本较高，且建园的水平较低；缺少适宜的砧木品种，矮化苗木规格低，参差不齐；中间砧高度不一，埋土深浅各异，建园整齐度差；结果树早衰；对砧穗组合的生物学特性不了解，整形修剪不规范。其针对以上问题提出了以下发展建议：对矮化砧木进行收集、评价与筛选；筛选适宜的砧穗组合；营养系矮化砧木快繁体系的建立；加强矮化及栽培技术研究。

1.3.2　农业技术变迁与栽培制度变革研究方面

农业的产业化发展需要以农业技术的变迁作为前提。科技进步的表现形式一般是通过技术的进步与变迁来实现的（杨东升和曾维忠，1997）；而技术变迁则是创造发明与技术创新的内在逻辑（D. C. 诺斯和 L. E. 戴维斯，1994）。现代农业的产业化发展是大势所趋，而农业产业化的发展则依赖于农业技术的变迁作为发展的内在驱动力和前提，而农业技术变迁的过程本身，又促进了农业产业化的进一步发展（杨东升和曾维忠，1997）。农业技术变迁不仅对农业产业的发展起着重要的作用，而且技术进步的创新和变迁也能够改变特定制度安排的相对效率，从而影响交易费用，使得原来的制度安排更加优化和适应新的产业发展（林毅夫，1994）。创新的制度安排可以使得技术变迁的成本降低，给技术的推广和传播提供更好的传导环境，从而使得技术可以持续不断创新。农业产业化可以降低农业技术变迁和变革的成本，市场化分工和市场扩大则引起专业化的分工，使得交易费用增加，也就意味着原有的制度组织已经不适应现有的市场产业的发展，因此迫使产业组织的组织形式发生变革，从而能够实现降低交易费用和降低技术变迁的成本（陈郁，1991）。

按照熊彼特（1990）的观点，企业进行创新与技术变革的最大动力来自于创造利润。Schmookler（1996）将技术变迁的动力解释为需求拉动。在《诱致性制度变迁》《社会科学知识与制度变迁》等文章中，拉坦建立了一个新的诱致性制度变迁的理论模式，并运用西方和东方的农业发展经验对这一模式进行了检验。拉坦通过论证认为，技术变迁的方向与技术变迁的速度是随技术的应用者对技术的需求的增长率而变化；同时也是技术应用者具备相应的资源条件的一种理性反应。技术的变迁在不同的国家或者不同地区之间的转化的本质内涵，其实与这种诱致性的新知识的转化和演变及技术变迁的自发转化过程是相同的。拉坦还认为，技术变迁是一个经济体在发展过程中的内生因素，但是这样的观点不代表工业领域的技术变迁与农业领域的技术变迁不遵从"看不见的手"的指导，也不代表技术变迁路径是沿着原始的资源条件而发展，或者沿着需求增长的路径来进行。实际上，技术变迁是由于新知识的积累，新知识的出现或产生及制度的变化所带来的结果。Binswanger（1974a，1974b）依据拉坦的研究结论，从制度对技术变迁的形成和扩散的作用与重要性做了讨论。他的研究表明，诸如不适当的公共政策、不完善的市场结构等，都会使得技术变迁或者技术创新以及生产率的增长方向发生偏移。

美国农业经济学家 John W. Mellor 对中国的农业的发展进行了研究，其将中国农业的发展与技术变迁分为三个阶段：第一个阶段的特征表现为生产增长主要依靠劳动力投入等传统要素的投入为动力，技术停滞不前。第二个阶段的特征表现为农业技术发展比较稳定，资本要素的投入有所降低，虽然有农业机械的使用的需求，但是由于资本投入降低，限制了劳动节约型的机械技术的应用和发展。第三个阶段的特征表现为新技术的应用和推广，资本的集约使用成为主要特征。这个阶段劳动力的投入通过资本投入进行替代，农业经营规模逐渐扩大。另一位经济学家Weitz（1971），在对美国的农业发展历史进行研究的基础上，也把农业发展划分为三个不同的阶段：第一个阶段是农户自给自足的阶段，主要表现为对基本生活的维持过程；第二个阶段是以增加收入为特征的混合农业发展阶段，在这个阶段过程中，表现出了多种经营的形式，很大程度提高了农户的收入；第三个阶段是农业的商品发展阶段，主要表现为农业生产的专业化。随后日本经济学家速水佑次郎（Yujiro Hayami）与美国经济学家弗农·拉坦（Vernon Rutton）在1998年对日本与美国的农业发展进行了研究，他们的研究发现，农业的发展也可以划分为三个阶段：第一个阶段表现为农产品质量的提高，提高了农业生产的产量，增加了市场上的粮食供给；第二个阶段以农户收入明显增加为表征，政府通过对农产品实行价格支持政策来提高农户的收入；第三个阶段以调整与优化农业产业结构为表征。他们的研究都认为，在市场均衡条件下，如果市场是自由竞争市场，那么农产品的价格反映了产品和要素的供给变化。而要素的价格变化，会引导一个国家的技术进步的选择方向和技术进步的种类。技术进步的动力不是来自于外在的因素，而是由本国的资源禀赋决定。要素的相对价格的变化和市场上对这种农产品的需求的增加成为技术进步的诱导因素。

关于农业技术变迁的路径，Hicks首次提出了诱致性发明（induced invention）这一概念，在20世纪60年代及之后，受到了世界经济学研究领域的广泛关注。Kennedy（1964）根据Hicks的理论将这一概念表述为诱致性创新（induced innovation）。速水佑次郎和弗农·拉坦在70年代初提出了诱导的技术变革理论（Induced technical innovation），这一理论对发展中国家农业技术变迁具有重要指导意义。该理论认为一个国家资源禀赋状况决定了该国选择何种技术发展模式。更为具体的解释，即要素之间的相对价格以及要素的需求结构是诱致技术选择行为的制度原因，农业技术变革不是由外因决定，而是由内部因素引起的。在技术选择可供调整的一定时间内，农户会根据要素的相对价格对农业生产的技术选择做出调整，选择要素价格相对较低的技术，实现生产流程的优化。诱致性技术创新理论的另一个名称被叫做希克斯–速水–拉坦–宾斯旺格假说。这个假说形成的含义可理解为技术变革的发展路径倾向于稀缺的资源或者要素要节约，而相对丰裕或者便宜的资源或者要素则增加其使用。这样在生产过程中，就会偏向于使用价格较低的要素，而减少使用昂贵的要素。中国作为世界苹果生产大国的实践生产经验表明，矮化密植集约栽培模式逐渐替代乔化密植栽培模式的内在驱动与变迁路径是劳动力成本与土地要素投入成本的快速上涨，促使生产者采用便于机械替代劳动、适度规模化种植及在土地要素投入约束的情况下，需要提高单位面积的产量以适应消费市场的需求的矮化密植集约栽培制度的快速发展与普及。英国经济学家希克斯在1932年的《工资理论》一书中提出，应该把技术进步分为节约资本的技术进步、节用劳动的技术进步及中性技术进步三种。中性技术进步即不改变资本和劳动的边际产量的比率。具体来说，就是技术进步的结果使得资本的边际产出增加了，同时劳动的边际产出也增加，而且两者增加的比例是相同的，即为希克斯中性技术进步，也可理解为在新的技术进步条件下，虽然资本和劳动力均有增加，但增加的比例相同，那么这种增加，可以认为是由独立的技术进步所带来的增加，从而便可以判断技术进步对生产效率与效益的影响程度。

　　技术进步对制度演化的影响是缓慢和渐进的过程，对于农业栽培制度的影响和变迁更是如此。制度变迁与技术进步具有很多相似的地方，即推动制度变迁的行为和推动技术进步的行为主体都是因为追求收益最大化。这些行为主体（如苹果种植农户或团体）在预测其预期收益大于自身的成本的情况下，才会积极主动地去推动技术的规模采用和最终的制度变迁。反之亦然。通过下面几个方面可以观察到技术进步对制度变迁所带来的普遍影响：一是技术进步使得农产品的产出在普遍情况下和相当的一个范围里实现了规模报酬递增，或者出现劳动投入和资本投入等要素资源投入的节约，从而诱致新的制度产生或者推动以往的制度有所改变。因此技术的变化需要制度的创新才能实现新技术的不断进步以及发展的潜力。二是技术变化不仅可以增加制度变迁的潜在利润，而且可以降低制度变迁的交易成本，特别是通信及技术的传播和学习成本，促使一系列可以改进市场和促进商品流通的制度出现革新，并变得更加有利可图。三是技术进步导致制度变迁以后，新的制度要适应技术进步的潜力与发展。例如，技术进步降低了交易费用并且使得以前不起作用的某些制度又重新具有了新的作用和安排。林毅夫（1991b、1992a）运用诱致性技术创新理论对中国的农业发展做了研究，他的研究结论印证了希克斯–速水–拉坦–宾斯旺格的假说。林毅夫（1991c、1991e）以中国28个省份农业机构数据，理论分析了国内土地和劳动要素的相对稀缺性，认为中国的土地要素和劳动力要素市场上，要素的相对稀缺性决定技术选择行为，并非完全自由交换，与土地和劳动要素投入是完全竞争市场状态中的要素相对稀缺对技术选择的影响是类似的，并通过分析杂交水稻的技术创新与推广，研究了市场需求条件下的诱致性技术变迁的有效性。这种个案的验证表明了在计划经济条件下，对要素需求条件下的诱致性技术变迁同样有效，这对于中国这样的发展中国家分析农业发展的驱动力与制度变迁路径十分重要。

在对农业新技术进行经济评价方面，王有年等（1992）对果树栽培的生产技术经济效益评价问题进行研究，用分析对比方法研究了苹果栽培薄膜与露地育苗的经济效益，并且通过试验方法，确定了苹果栽培密度与产量之间的关系；又对北京地区的农场级、县级、乡村级果园的投入产出情况做了统计分析，对北京市几个典型果园的人员投入、肥料投入、水电投入、农药投入、机作投入等运用十年时间序列数据进行财务核查和 C-D 函数分析方法，得出了各级各类果园的投入产出的差异性。陈庆根等（2002）对超级稻生产集成技术的经济效益进行分析与评价，通过应用统计分析方法，对超级稻品种"协优 9308"和"沈农 606"的物质费用投入、人工费用投入、生产投入与产出效益等方面的分析，发现超级稻的产量比普通稻的产量高 2 倍，用工比普通稻少 42 个工日；并对超级稻的南北百亩示范园的经济效益进行比较，发现超级粳稻的单位利润高于超级杂交稻，但是其单位投入成本的产值基本一致，成本收益率相近。邹慧等（2003）对双季稻改再生稻的栽培模式进行了技术经济的效益评价，从种子、育秧、肥料、农药、水电、机耕及劳动日工资几个方面，运用改前与改后的亩均投入，从经济效益、技术效益、社会效益三个方面进行了对比分析，对再生稻的扩大生产提出了品种选择、种植规模等方面的建议措施。范存慧（2005）在对 Bt 抗虫棉栽培经济效益的研究中，从农户采用 Bt 抗虫棉的成本投入角度进行测算，结果表明 Bt 抗虫棉能够提高棉花产量，而且减少了农药与劳动投入，对农民增收和环境改善都起到了正向作用。杨金深等（2006）在对绿色苹果与常规苹果的投入产出的经济效益分析中，采用结构分析法对比评价了绿色苹果与常规苹果的技术效率及要素投入的成本结构、要素密度、成本收益与产出结构等方面，认为绿色苹果在资本绝对密集度、成本收益与生产效率等方面均高于常规苹果，绿色苹果在吸纳农村劳动力就业和提高农民收入方面具有更大的优势。曾光和祁春节（2009）对湖北当阳市推行的柑橘起垄栽培技术，从柑橘起垄栽培技术的增产增收效果、单产增量的经济临界限测算等角度进行了经济效益分析，认为这种技术的增产增收幅度较大，增产效果明显。霍学喜和侯建昀（2012）对中国苹果生产的技术效率与要素产出弹性运用随机前沿函数与边际分析方法，在 2007～2009 年全国 10 个苹果主产区抽样调查获取数据的基础上进行了测算，认为苹果种植户存在明显的技术无效率现象；从投入产出弹性角度来看，化肥投入对苹果种植户的产出弹性最大。白秀广等（2012）运用随机前沿超越对数面板模型，分析了我国9个苹果主产区在2000～2009年的技术进步贡献，认为技术进步在苹果生产中的作用是中性的，而且存在衰退的趋势。刘天军等（2012）在对全国5个苹果主产省获取投入产出面板数据的基础上，运用随机前沿分析法对苹果生产技术效率在时间与地区两个层面做了对比分析，认为中国苹果生产技术效率在地区间的差异较大，且呈现波动性。郭亚军等（2013）基于2001～2010年中国8个主要苹果主产区的投入产出数据，采用随机前沿分析方法，对中国苹果生产的技术进步率进行了测算，认为苹果的生产技术模式开始从资本替代型转向劳动替代型。

1.3.3 文献评价

国内外关于苹果栽培技术与制度的研究主要集中在两个方面：一方面是园艺专家学者对于苹果栽培技术的研究，包括矮化砧育种、砧木性状评价与果园管理标准化、苹果的致矮机制、矮化育苗、机械化技术应用等具体的栽培技术方面。从现有的关于苹果栽培技术的研究可以看出，在世界范围内关于苹果栽培技术的研究已经发生了变化。在20世纪期间，国际及国内的关于苹果栽培砧木的研究主要集中在砧木与育种的矮化方向，但随着突破了苹果矮化砧木育种的技术难题之后，矮化砧木的系列和品种不断推出，园艺界对矮化砧木育种的研究由单一目标向多目标转化，出现了包括砧木矮化、丰产、抗病、抗寒、抗旱等多目标的砧木在不同气候条件与立地条件的适应性的相关研究。同时，在砧木育种手段方面的研究也在不断创新，从无性繁殖向转基因、细胞融合、良种繁育体系建立、机械应用等专业领域扩展。对于苹果栽培技术方面的研究，主要考虑的因素有光照强度、光合作用的速率、果品质量等方面，并且在接穗与砧木结合、苹果栽培成花量与坐果率提高等相关领域也做出了很多积极的探索。另一方面集中在农业增长与农业技术进步方面的研究，主要围绕技术进步与经济增长的关系，农户对某一种或者多种农业技术需求的状况，农户的技术选择行为，以及对全要素生产率的评价等方面的研究。从研究对象来看，研究主要集中在大宗种植农产品，如水稻、棉花，或者小麦、蔬菜等一年生农作物的要素投入分析角度，几乎没有对于多年生高价值作物的经济评价方面的研究。并且，以密集现代要素投入为特点的矮化栽培制度不仅适用于小麦、水稻等一年生作物，同时也是苹果、梨等多年生园艺作物发展的必然趋势。现有研究的最大缺陷在于没有考虑经济发展的基本因素，即资源的稀缺性和要素禀赋。而且，现有的研究也没有将不同栽培制度的发展、演进、变迁，以及这种演进与变迁发生的内在驱动原因放在一起去考察。因此，本研究将立足于要素投入角度，依据诱致性技术变迁理论，分析苹果栽培制度中新的矮化密植集约栽培模式在国内进展缓慢的根本原因，并将主要集中于资源与要素禀赋所诱致的苹果栽培技术的变化与相应的制度性投入方面进行分析研究。

1.4　研究思路与研究方法

1.4.1　研究思路

本书的研究思路主要安排如下：

首先，在对国内外关于苹果矮化栽培技术的相关文献资料进行综述与评价基础上，结合源自中国苹果种植优势区的实地调研资料、数据特征与分析结果，凝练本书研究的对象与关键问题，并对苹果矮化密植集约栽培制度及相关概念、属性进行规范分析，以设计本书的研究目的和研究内容。

其次，以要素禀赋理论、诱致性技术变迁理论为指导，对国内外苹果栽培制度的发展特征以及栽培制度的变迁规律进行归纳总结，揭示其中存在的发展规律。在此基础上，采用源自全国 7 个苹果主产省（包括辽宁省、山东省、河北省、河南省、陕西省、甘肃省、山西省）、635 份样本苹果种植户数据，对不同栽培模式的要素投入、投入结构、产出结构、要素弹性、技术贡献进行经济评价，并对矮化密植集约栽培模式的经济效率进行测算。

再次，对苹果矮化密植集约栽培模式的不同种植规模及其在不同种植区域的效益进行评价。

最后，通过比较分析，论证形成本书最终研究成果，并提出相关对策与建议。

本书采用的技术路线如图 1-1 所示。

1.4.2　研究方法

（1）运用归纳与逻辑推理方法，对苹果栽培历史与栽培制度变迁规律进行分析与总结，揭示苹果栽培制度发展及变迁的一般规律与特征，把握苹果栽培技术模式变迁的原因和方向。

（2）在分析传统栽培技术与现代栽培技术在资本–劳动比率与产出/劳动

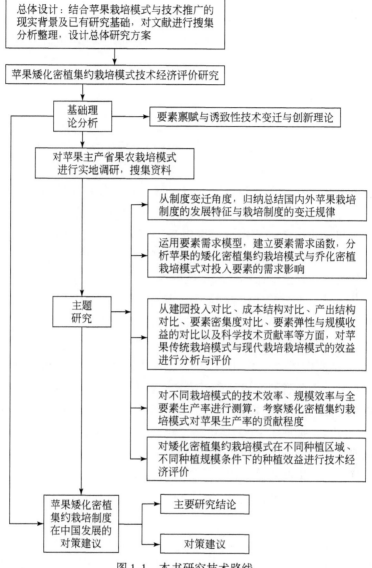

图 1-1　本书研究技术路线

之间关系的基础上，建立要素需求函数，分析苹果乔化密植栽培模式与矮化密植集约栽培模式对投入要素的需求影响，以及矮化密植集约栽培技术对传统投入（劳动）和现代投入（化学品投入和机械动力）需求的影响。

（3）运用 C-D 生产函数，比较分析矮化密植集约栽培模式与乔化密植栽培模式的技术经济效益，围绕两种栽培模式在建园成本、投入成本结构、产出结构、要素密集度、要素弹性、规模收益及科技贡献率方面，进行对比分析与技术经济评价。

（4）采用 TFP 指数、Malquist 指数等生产效率测算方法，测算不同栽培模式的技术效率、规模效率与全要素生产率，分析评价矮化密植集约栽培模式对苹果生产率的贡献。

1.4.3　数据资料

本书研究中使用的主要数据资料，是在国家现代苹果产业技术体系[①]产业经济研究室支持下，于 2012 年对全国 7 个主要苹果主产省的苹果种植户入户调查和村级调查问卷获得。调查依据农业部《苹果优势区域布局规划》中的两个苹果优势区，采用优势区苹果种植农户为典型抽样样本，设计调研方案。第一阶段将初级抽样单位的样本框设定为《苹果优势区域布局规划》中涉及的 122 个苹果基地县。按照环渤海湾优势区和黄土高原优势区两大苹果优生区划分，将初级抽样单位定在环渤海湾区的 53 个苹果基地县市，其中包括山东省 25 个，河北省 14 个，辽宁省 14 个。具体涉及山东省的栖霞市和蓬莱市，辽宁省的瓦房店市和绥中县，河北省的顺平县、辛集市、昌黎县，河南的商丘市等县市。黄土高原优势区的筹集抽样单位包括 69 个苹果重点县市，包括陕西省 28 个，山西省 20 个，甘肃省 18 个，河南省 3 个。具体涉及陕西省的洛川县和白水县，山西省的临猗县和万荣县，甘肃省的天水市和静宁县，河南省的三门峡市等县市。在抽样的第一阶段，采用概率与规模成比例抽样方法（PPS 抽样方法），抽取了 15 个县；第二阶段，继续按照 PPS 抽样方法在每个样本县抽取 3 个乡作为二级抽样单位；第三阶段，在每个样本乡抽取 3 个村作为三级抽样单位；第四阶段，在每个样本村按照简单随机抽样方法随机选择 5 个农户进行入户调查，共访谈农户 635 户，其中有效样本 612 个，样本有效率为 96.38%。

此外，根据本书研究的相关统计需要，演进过程还运用了美国农业部经济服务局数据、联合国粮食及农业组织（FAO）统计数据、《中国统计年鉴》（历年）以及《全国农产品成本收益资料汇编》（历年）等二手资料和数据，以支持和完善苹果矮化栽培制度变迁及要素禀赋变化与演变规律的相关研究。

[①]　国家现代苹果产业技术体系是 2007 年在财政专项资金的支持下建立的 50 个现代农业苹果产业技术体系之一，是集立项、研发、推广一体化的国家现代苹果产业技术体系，下设 6 个功能研究室、25 个综合试验站、125 个示范县，分布于黑龙江、辽宁、山东、河北、北京、山西、河南、陕西、甘肃、宁夏、新疆、云南、四川等苹果主产省（市）。

1.5　本书的创新之处

（1）在研究视角方面，本书突出学科交叉的特点，将园艺学中的苹果栽培学内容与农业技术经济评价的理论与方法进行结合，开拓研究思维，将苹果栽培制度中所涉及的园艺过程，包括苹果园管理过程中的整形与修剪、疏花疏果、农药喷洒、施肥、土壤管理、灌溉、套袋、摘袋、转果、采收、分级与包装、储藏、清园等30多道苹果栽培的果园管理的作业过程，以及流通渠道、销售收益等问题转化为生产的投入–产出的经济可量化指标，对苹果栽培制度的变迁与内在驱动诱因进行效益与效率评价。传统上有关苹果栽培技术方面的相关研究，大多数的文献都是从园艺学中的苹果栽培技术角度，对苹果栽培、砧木的筛选与培育、砧木与接穗选择、矮化砧木的适应性与栽培区域适应性、果园病虫害防治、农药化肥有效性，以及栽培技术的关键管理环节等方面进行研究，缺少园艺学与经济学交叉结合的经济效益与效率的评价研究。

（2）在研究内容方面，本书研究试图在三个方面有所创新：①科学阐释苹果矮化栽培制度的内涵与外延，系统地分析中国苹果栽培制度的演进与变迁过程；从要素禀赋与诱致性制度变迁的角度，研究苹果的栽培制度发展的内在驱动力对农业技术进步与农业产业升级发展的贡献与演变规律，进而预测中国苹果栽培制度的发展趋势。②构建了苹果矮化密植集约栽培模式的经济性质的评价标准，对中国矮化苹果栽培技术的效率、技术贡献率进行测算；并且将苹果的传统栽培模式——乔化密植栽培模式与现代栽培模式——矮化密植集约栽培模式两种栽培模式对要素需求、成本投入结构、要素密集度、技术贡献率以及产出结构等方面进行对比分析，发现苹果现代栽培模式发展的核心制约问题。③通过对苹果矮化栽培模式在不同种植区域与不同种植规模条件下的技术经济效益的比较与分析，发现苹果矮化密植集约栽培模式的优势发挥的技术特征。

（3）在研究结论方面，本书采用以规范分析与实证研究为主的分析方法，在对中国苹果栽培制度变迁的演进规律进行逻辑分析与规范分析的基础上，对中国矮化密植集约栽培模式的技术进步贡献率、要素需求结构与关系、全要素生产率等方面的多年生高价值农产品的栽培制度的内涵进行经济评价。评价得出的结论对矮化密植集约栽培制度的经济性质做出认定，认为苹果矮化密植集约栽培模式在我国并未发挥其技术优势。虽然其在节约劳动要素投入与土地要素投入方面有较为显著的特征，但对现代要素——资本与机械投入的要求比传统栽培模式更高，且对果农个人综合素质要求更高。这也是目前我国苹果矮化密植集约栽培制度推广进程缓慢的根本原因。

第 2 章
栽培制度及其理论分析

栽培制度变革是 21 世纪推动果树产业经济发展模式变化的内在动力。栽培制度变革的本质是，经营主体基于外在环境要素变化所做的技术与制度变迁。自 20 世纪 60~70 年代以来，以美国、法国、意大利、波兰、荷兰等为代表的果业发达国家，其苹果栽培制度发生重大变革：即由乔化密植栽培模式向矮化密植集约栽培模式转变。经过近 30~40 年的发展，矮化密植集约栽培模式成为世界苹果种植发达国家普遍采用的栽培制度。矮化密植集约栽培模式能够发挥优良品种、优良砧木和优良技术在栽培制度创新中的作用，并有效实现苹果树体和生长节奏调控、生物产量合理分配和高品质果实的形成。

2.1　栽培制度及其内涵与特征

2.1.1　栽培制度

栽培制度（farming system，FM）是指在一个地区或生产基本单位进行作物种植的制度，以及与之相适应的养地制度的综合技术体系。栽培制度以种植制度为中心，养地制度（也称农田土壤管理制度）为基础，包括作物的布局，作物的复种与休闲，作物单作、间作、混作、套作、轮作或连作等多种种植方式及其相对应的水、肥、劳动力、畜力、机械、技术等生产要素的管理（表 2-1）。

表 2-1　栽培制度内涵

栽培制度	种植制度	作物布局
		复种与休闲
		作物单作、间作、混作、套作、轮作或连作等生产方式

栽培制度	养地制度（农田土壤管理制度）	土壤耕作制度
		施肥制度
		灌溉制度
		杂草与病虫害防治制度

2.1.2 种植制度

种植制度（cropping system，CS）是指一个地区或生产单位农作物组成配量，熟制与种植方式的总称。其主要内容包括：

（1）作物布局，一个地区或生产单位作物组成和配置的总称。作物组成包括作物种类、品种、面积及其比例等，配置是指作物在区域或田地上的分布。

（2）种植方式，包括复种、间作、套种、混作、轮作、连作等多熟种植方式。

（3）作物熟制，即同一块农田上一年之内种植作物的季数。

2.1.3 养地制度

养地制度（soil management，SM）是与种植制度相对应的，以提高土地生产力为中心的综合技术体系。其主要内容包括：

（1）土壤耕作，土壤的常规耕作以及少耕、免耕、残茬覆盖耕作等。

（2）农田培肥，土壤的水分与养分管理、有机质平衡等。

（3）农田保护，土壤侵蚀（风蚀、水蚀）及水土流失控制、农田防护林建设等。

2.1.4 苹果栽培制度

具体到苹果种植环节，栽培制度则包括砧木选育、水肥管理、花果管理、树形修剪及其改形、果园土壤有机质及其光照管理、果园机械及其配套技术应用、劳动投入、果园生产经营决策与管理等内容。

具体来讲，砧木选育是指利用矮化自根砧或矮化中间砧嫁接苹果接穗进行苹果矮化集约栽培，包括砧木的选择、接穗品种的选择、砧木与接穗的适应性、育苗技术，以及砧木的抗性、矮化性、固地性、丰产性等方面进行培育的过程与方法；水肥管理内容主要包括土壤肥力与营养的诊断、施肥标准、施肥方法、果园种草、覆草、果园灌水时间与水量测定、灌水方法、排水等；花果管理包括苹果花期的疏花疏果的时期、疏花疏果的程度把握、疏花疏果的方法，以及果实套袋、摘袋的方法等内容；树形修剪及其改形包括将乔化栽培果树通过修剪进行矮化树形改造，以及对矮化栽培果树的修剪时期、方法、整形依据的界定，幼树的整形与修剪，初结果期的整形与修剪，盛果期的整形与修剪，衰老期的整形与修剪等内容；果园土壤有机质及其光照管理的内容则包括对苹果园的土壤有机质管理、肥料与覆盖物的选择与维护、间作物的种植、绿肥种植、秋耕休闲、反光膜使用、摘叶转果等内容；果园机械及其配套技术应用则包括矮化密植栽培果园的适用性机械的科学使用与维护、保养，以及和果园适用性机械配套的节约劳动力投入或资本替代的技术的总和应用等内容。除此之外，苹果栽培制度还应包括果园标准化的管理的其他技术，比如辅助授粉、适期采收、分级包装、病虫害防控、采后储藏及灾害预防等方面。

总之，苹果的栽培制度是以资本要素与技术密集特征为基础的高度综合与技术集成的栽培制度，既要符合当地的自然条件，也要符合具体的社会与市场条件。

2.2 栽培制度的功能与意义

2.2.1 栽培制度的功能

栽培制度作为全面组织种植业生产的完整制度，在农业生产中起着举足轻重的作用。它的功能具体表现为以下两个方面（表2-2）。

（1）技术功能。栽培制度的技术功能是栽培制度的主体，主要包括栽培作物的复种技术、因地制宜合理布局技术、间套技术、立体种植技术、轮作与倒茬技术、区域耕作制度优化设计技术、土壤耕作技术等。栽培制度主要涉及作物与气候、作物与土壤、作物与作物、作物生产与资源投入等方面的组合技术。它的技术功能与研究某一作物的具体栽培技术不同，因而，栽培制度的技术功能在生产上所起的作用更大。

（2）宏观布局功能。作物布局是指一个地区或生产单位作物结构域配置的总称，通常包括作物的区域分布、品种结构，可以是宏观层面，也可以是微观主体层面。栽培制度的布局功能是对一个单位土地资源利用与种植业生产进行全面安排。从作物生产的战略目标出发，根据当地自然和社会经济条件，做出土地利用布局、作物结构与配置、熟制布局、养地对策以及种植制度分区布局的优化方案。具体包括种植业合理布局与结构调整、耕作制度结构分析与调整、耕作制度分类及其区划、农业生产综合发展及技术体系构建等。

表 2-2　栽培制度的功能

栽培制度功能	技术功能	作物种植合理布局技术
		复种、间作、套作等多熟种植技术
		轮作倒茬技术
		立体种植技术
		土壤耕作技术
		区域耕作制度优化设计技术
	宏观布局功能	种植业合理布局与结构调整
		耕作制度结构分析与调整
		耕作制度分类及其区划
		农业生产综合发展及技术体系构建

资料来源：杨文钰，2010。

2.2.2　栽培制度的意义

栽培制度强调果树栽培生产过程中的系统性、整体性与地区适应性，即组合效益。其中：

（1）种植制度是栽培制度的主体。一个合理的种植制度能够充分合理地利用当地自然资源与社会经济资源，促进农作物持续增产、稳产，保护资源，改善环境，培养地力；同时，能够有效地协调农户、地方与国家的需求关系，促进种植、加工、销售等环节产业的综合发展，使区域农业综合生产力得到提高与改善。

（2）养地制度是栽培制度的基础。一个合理的养地制度能够保障农田的可持续生产能力，保护资源环境及农产品质量安全。

总而言之，合理的栽培制度有助于提高土地与农作物的生产力、提高各类资源的利用效率、增加农民经济收入和促进农村经济发展、提高农业生产的可持续能力。

2.2.3　果树栽培制度影响因素

农业资源与环境状况决定一个区域果树栽培制度的形成与发展。

其中，影响果树栽培制度的形成与发展的资源（resources）因素泛指人类从事社会活动所需要的全部物质与能量来源。农业生产是自然再生产与经济再生产相互交织的综合体，产品是自然资源与社会资源共同作用的结果。其中，土地、水、光照等自然资源是生物再生产的基本条件；资本、技术、机械、劳动力等社会资源的投入是对自然资源的强化和有序调控手段，可以扩大自然资源利用的广度和深度，反映农业发达程度和生产水平。

影响果树栽培制度的形成与发展的环境（environment）因素包括：自然环境与人工环境。自然环境是指自然生态系统中存在的或受到人类调控和影响的环境。自然环境以直接的方式对农业生产产生影响。社会环境包括生产、加工、储藏设备和生活设施。人工环境以间接的方式对农业生产产生影响（表2-3）。

表 2-3　影响果树栽培制度形成与发展的主要资源环境因素

自然资源 环境因素	光资源（辐射、日照时数）
	热量资源（积温、无霜期）
	水资源（降水资源、径流与地下水、水资源总量）
	土地资源（地形与地貌、土地利用率）
	生物资源（种质资源、品种）
社会资源 环境因素	人口（农业劳动力数量与质量，消费者群体数量与偏好）
	农业经济水平（农业劳动生产率水平、农业市场发育程度、农业资金）
	农业现代装备水平（有效灌溉面积、化肥与农药施用、机械化率、农业能源利用率）
	科技水平（农业生物技术、农业信息技术、设施农业技术为代表的其他农业新技术）

2.2.4　中国果树栽培制度特征

（1）资本集约、技术密集。果树栽培的集约发展方向主要表现为两个方面：

第一，基于品种改良与栽培模式变革，增加单位果园内的种植密度，高效利用每一块土地资源，精细化管理果园。

第二，增加单位果园的资本、劳动、机械、技术等要素投入，提高单位面积产量，提升单位面积的效益。在物质、资本、劳动、技术等多方面增加投入，实现低产变中产、中产变高产、高产再高产，持续提高土地利用率。

（2）高产、高效。果树栽培的高效发展方向主要表现为四个方面：

第一，提高果品品质与产品档次，大力发展优质、专用品种，发展特色果品生产，有效解决"结构、品种、质量、效益"之间的矛盾。

第二，降低生产成本，推行节水、节肥、节能、省力为特征的轻简化技术，实现果园生产的节本增效。

第三，要素合理组合与资源优化配置，即按照现代果业发展的要求，合理配置各种生产要素（包括自然资源和社会经济资源）。

第四，调整结构，优化布局，发展产业化经营。整体推进与提高区域内苹果种植栽培制度的效益水平。

（3）可持续发展。果树栽培的可持续发展方向主要表现为四个方面：

第一，用地与养地制度相结合，解决好集约与可持续的发展关系。

第二，提高资源利用效率，努力缓解日益加剧的资源约束。

第三，提高农业综合生产能力，包括农业基础设施建设与农业现代化水平的提高，增强农业对自然灾害的抵御能力，以及对国内外市场风险的抵御能力等。

第四，保护农业生态环境，在技术配置上要强调自然生态与人工生态相结合，传统技术与现代高新技术相结合，资源保护与利用改善相结合的原则。

2.3 矮化栽培及乔化栽培技术特征分析

2.3.1 乔化栽培与矮化栽培

通常认为，利用矮化砧木进行嫁接，并按照矮化砧木果树生长特性及其技术要求进行生产管理的栽培技术体系，可以称为矮化栽培模式①。利用乔化砧木进行嫁接，并按照乔化砧木生长特性及其技术要求进行生产管理的栽培技术体系，可以称为乔化栽培模式。乔砧栽培、矮砧栽培表达的着重点是砧木，乔化栽培、矮化栽培表达的着重点是栽培技术体系。在实践与研究中，这两种表述的基本意思一致，但侧重点有所不同。为简化起见，本书统一采用乔化栽培模式与矮化栽培模式。

---

① 矮化砧木嫁接的果树，如果后期生产管理未按照矮化砧木果树生产特性的技术标准进行栽培，矮化树体与树势亦会趋向于乔化生长。例如，中间砧入土过深，苹果树体生长旺盛，并且品种段生根，加速树体生长，矮化变成乔化。在矮化栽培技术不成熟的种植区域，这种情况有一定的普遍性。

2.3.2　砧木

　　砧木（rootstock）是指嫁接繁殖时承受接穗的植株。砧木可以是整株果树，也可以是树体的一部分根段或枝段，有固定、支撑接穗，并与接穗愈合后形成植株生长、结果的作用。砧木是果树嫁接苗的基础，它嫁接亲和性好，苗木寿命长，也容易培植。

　　现今苹果树栽培均采用嫁接的方法来繁殖，也就是说苹果树是由砧木和接穗品种组成的。在利用矮化中间砧的情况下，一株苹果树则由三部分组成：下部为砧木，中部为中间砧，上部为栽培品种。要使得接穗品种健壮生产和获得高产，砧木和接穗品种必须有良好的亲和力。不同的品种需要其最适宜的砧木，因此，选择适宜的砧木繁殖苗木是非常重要的。

　　目前，国际上普遍使用的苹果砧木有二大类（王宇霖，2011）：乔化砧（vigorous rootstock，VRS）与矮化砧（dwarfing rootstock，DRS）。乔化砧是指使嫁接苗长势旺盛，树势高大的一类砧木。矮化砧是指能控制接穗生长，使嫁接树体小于标准树体的一类砧木。一般来说，利用矮化砧木栽培的苹果树冠为乔化砧木栽培的苹果树冠的 1/2～2/3。也有标准认为，能够使接穗长成 5m 左右高大树冠的砧木称乔化砧，使树冠长得比乔化砧树冠小 1/3 的砧木称为半矮化砧，使树冠长得仅为乔化砧树冠 1/2 的称为矮化砧。矮化砧木最早是在苹果种植中被发现并加以利用。从应用历史上来看，西欧地区应用的历史最为悠久。目前，矮化砧木已在世界苹果生产中广为应用。桃、杏、樱桃种的矮化砧木的研究和培育正在发展中，梨和柑橘的矮化砧木的应用也已经进入实用阶段。

　　乔化砧是利用种子进行繁殖的，采种与嫁接繁殖容易。乔化砧的植株一般比较高大，适应性强，需要的营养面积大，开始结果较迟，且树势生长与果实品质的稳定性与一致性相对矮化砧植株要差一些；但乔化砧的果树单株产量高，经济利用年限长。

　　矮化砧是一种营养繁殖的砧木，通常采用壅土、压条或扦插的方式进行繁殖。与乔化砧果树相比，利用矮化砧木嫁接的果树树体长势较弱，适应性也较差，要求的水肥等栽培条件高，但植株长势一致，便于管理，结果早。栽植后一般从第 2～4 年开始挂果，6～8 年即可进入丰产期。此外，矮化砧木嫁接的苹果树适于密植，所需营养面积小，单位面积产量高，果实品质好。利用矮化砧木栽培苹果是当今国际上的普通趋势，许多国家苹果矮化栽培的面积占其苹果栽培面积的 70%～80% 甚至更多。

2.3.3 栽培密度

2.3.3.1 栽培密度及其标准

栽培密度（planting density，PD），又称种植密度或定植密度，是指单位土地面积上栽植园艺作物的株数，也常用株行距大小表示。单位面积的种植植株数可以通过下列公式计算[①]：

方形地块栽培植株数＝单位面积/（行距×株距）

三角形地块栽培植株数＝单位面积/（行距×株距×0.866）

影响作物栽培密度的因素很多，如作物的品种选择、当地的气候环境、土壤条件、采用的栽培方式与技术水平等，都是影响作物定植密度的核心因素。合理的栽培密度在作物生育期内可以维系合理的群体结构，同时有助于保证产品产量高，又有助于保证产品品质优良。对于多年生的苹果作物来说，通过合理的种植密植实现多年的产量与品质效益相对一致且可持续，显得尤为重要。

2.3.3.2 栽培密度及其相对性

苹果种植密度应以土壤、砧木和品种的生物学特性而异。例如：土壤贫瘠的山地栽培密度可大些，土壤较肥沃的平地则栽培密度可小些。以生长势中庸的山荆子作为砧木时，种植的密度可大些；以海棠果作为砧木时，栽培密度可以小些。利用矮化砧作为砧木时，由于植株长势弱，可以加大栽培密度。三倍体苹果品种一般长势都很旺盛，栽培密度应小些。

生产实践证明，合理栽培密度是获得单位面积优质高产高效益的关键环节，特别是在盛果期的前期最为明显。通常，行间距宽要便于机械作业，同时可间种有价值的农作物（如植草）；株间距小有益于苹果植株本身的自我防护，这在气候较冷、风力较大的地区具有重大意义。

最大限度地利用光热和土地资源，必须合理密植（compact planting，CP）。栽培密度高虽然可以获得很高的收益，但如果植株过密，后期由于树冠密集则会给生产管理带来诸多不便，不仅产量降低，而且果实质量会变差，严重影响整体收益。因此，合理密植是非常重要的。

国外在苹果矮化栽培方面对栽培密度进行了大量的研究与实践（王宇霖，2011）。各国采用的栽培密度因品种、砧木类型、土壤类型、气候条件和管理

---

① 例如，行距4米、株距3米，则每亩栽培株数＝666.67/（4×3）＝55～56株。

方式而异，因此栽培密度相差很大。荷兰苹果栽植的密度最大，达 100~266 株/亩，其中以 150~200 株/亩最多；在实行单行密植的情况下，行距为 3~3.75 米，株距为 1~1.75 米。美国康涅狄格州、缅因州和马萨诸塞三个州 M7 砧木苹果园栽培密度分别为 29 株/亩、33 株/亩和 24 株/亩，株行距分别为 4.05 米×5.75 米、3.9 米×5.1 米和 4.5 米×6.2 米。现今，美国典型的成龄苹果园的株数为 33~58 株/亩；短枝型元帅系的株数为 84 株/亩，在采用多行密植栽培的情况下密度可高达 167 株/亩。

中国目前绝大多数苹果园仍是采用乔化砧进行栽培，在一般土壤条件下，栽培的株行距以 4 米×5 米或 4 米×4 米比较适宜，栽培密度为 33~42 株/亩；在山地条件下，可采用 3 米×5 米或 3 米×4 米的株行距，栽培密度为 45~56 株/亩。近十来年，矮化砧苹果园发展迅速，在一般土壤条件下，矮化砧苹果园的株行距为 2 米×4 米或 2.5 米×3.5 米，栽培密度为 76~83 株/亩[①]。

比较中国与荷兰、美国苹果的种植密度可知，疏植（sparse planting，SP）与密植（compact planting，CP）是相对的[②]（即栽培密度具有相对性）。与荷兰、美国等果业种植发达国家同类栽培模式（矮化或乔化）相比，中国的苹果栽培密度都偏小，属于疏植；而在中国，一般情况下，矮化砧苹果园的栽培密度大于乔化砧苹果园。因此，与乔化栽培模式相比，矮化栽培模式属于密植。

2.3.4　苹果矮化密植集约栽培技术要点

近年来，随着各项生产要素成本持续上涨，矮化密植集约栽培成为中国苹果新建果园普遍采用的模式。本研究的调研载体——矮化密植集约栽培模式的技术要点主要包括以下六个方面[③]。

（1）应用矮化砧木：应用矮化自根砧或者中间砧与苹果品种进行嫁接，可以引起苹果树体矮小紧凑，树冠变小，树势减弱，树体生长减缓，增粗慢。不同地区因为气候条件和土壤类型的差异，可以选择不同类型的矮化砧木及砧穗组合。

（2）采用宽行密植：考虑苹果园的立地条件、栽培品种、品种的长势、砧木的长势、整形方法、土壤的肥力及树形和立架等因素综合决定。建议采用

---

① 国家现代苹果产业技术体系《2012 年度技术简报汇编》。
② 按照砧木类别与栽培密度两个维度进行完全分类，应划分为：乔化疏植、乔化密植、矮化疏植与矮化密植集约四类，但密植是近 30~40 年苹果栽培模式的主要发展趋势，疏植在实践与研究中提到的并不多。
③ 国家现代苹果产业技术体系《苹果矮化集约栽培模式技术规范》。

大行距、小株距的栽植方式，株行距为 1.0~1.5 米×3.0~4.0 米，每亩栽植 111~222 株苹果树。

（3）选用大苗建园：建议选用 3 年生健壮脱毒大苗，而且品种与砧木都要纯正，没有检疫性病虫害。矮化苹果树的主要致矮机理是通过矮化砧的应用发挥作用，矮化砧的长度对矮化效果影响极大。因此，在栽植时需要特别注意矮化砧入土深度，不得使接穗品种生根。

（4）设置立架栽培：利用矮化砧苗木建立的苹果园，树体容易出现偏斜和吹劈现象，须进行立架栽培。通常做法是以 10~15 米间距设立钢管支架或水泥桩，保障树体稳固。

（5）培养高纺锤形和下垂枝修剪：树形选择与栽植密度、架式、砧穗结合类型、土壤水肥条件有关。土壤比较肥沃、灌溉条件较好的地区，可选择高纺锤形宽行密植栽培模式；在干旱或土壤条件较差地区，砧木矮化性较弱，栽植密度低，树形可采用自由纺锤形或者细纺锤形等进行栽植。

（6）加强水肥管理：矮化密植栽植果园要重视土肥水管理，增强果树生长树势。在有灌溉条件的地区，可安装节水灌溉设施；在无灌溉条件的地区，要采用抗旱保墒栽培技术措施。

本书研究中的参照调研和比较分析的模式是乔化栽培模式。

2.4 苹果栽培技术变迁理论分析

理论研究表明，技术变革与制度变革是推动经济增长的重要途径。本书运用诱致性技术创新理论（速水佑次郎和神门善久，2009）来解释：为什么不同区域苹果栽培制度之间存在差异？为什么不同区域会形成不同的栽培制度以及如何形成不同的栽培制度？这些制度如何以及在何种程度上能够解释生产率的差异？随着要素市场与产品市场的变化，这些栽培制度会朝着哪种方向演变？这些正是本书拟解答的重要问题。

现代经济学研究是以"人的行为是理性的"为基本前提。这样的假设前提，不仅适用于现代的市场经济发展，而且也适用于传统的、非市场的经济情境。这不是说明人类行为在不同的经济中的表现是一致的，而是认为人类的行为是有差异的，人类的行为表现不同不是因为它的"理性"不同，而是由于人类所处的制度环境和自然环境是不同的，因而造成人类的选择方案变得不同。传统的苹果种植户的种植行为是根据他们长期的生产经验积累来进行选择，已经能够把他们所能支配的生产要素做了最佳配置，因此，传统小农业缺乏生产再投资的积极性。但是，当技术发生变革，导致生产要素配置效率发生变化时，即技术变革带来更高的投资收益率时，传统农户也会逐步进行技术变革，进而引发制度变革，逐步走向现代农业。

2.4.1　希克斯-速水-拉坦-宾斯旺格假说

事实上，经济或产业发展本身就是一个制度和技术变动的过程，使传统农业向现代农业转变的一个必备条件是新的有利的技术供给。已有相关经验和理论研究表明，在一个市场经济中，采用一种创新的决策基本上是一种经济决策，比较优势——动态和静态的——是决定创新采用的至关重要的因素（Feder et al.，1985）。即一个市场经济中的农户将受到要素价格变化的诱使，去寻求那些能代替日益稀缺的生产要素的技术选择（Hicks，1932；Binswanger and Ruttan，1978；Hayami and Ruttan，1985）。"希克斯-速水-拉坦-宾斯旺格假说"暗含着，一个经济要素赋予的相对丰裕程度不同，会导致技术变迁的有效路径不同。因而，农户的技术变迁路径也会呈现不同。如同多数发展中国家一样，中国是一个在要素赋予的绝对与相对水平上差异极大的国家，因此，中国的有效技术选择要求每一个地区必须考虑其要素赋予的不同。

一般认为，市场经济机制的作用下，资源的有效分配原则要求将资源分配到变得日益稀缺的生产要素的新技术上来。它假定，一种要素相对价格的提高，会诱致能节约该要素的技术类型的创新。也就是说，如果不存在市场扭曲的情况下，要素的相对价格将反映要素相对稀缺性的水平和变化，果农会被诱致寻找能节约日益稀缺（表现为要素的相对价格升高）的要素的技术。

假定某一经济系统中，资源禀赋的变化会诱发技术变迁，系列的技术集合最终表现为栽培制度/模式的变化。本部分将继续遵循希克斯（Hicks，1932）图表分析的传统方法解释说明苹果种植户在资本、劳动和土地等生产要素资源禀赋变化过程中的技术选择与变迁过程。资本、劳动与土地等要素的资源禀赋变化主要体现为要素之间的相对价格变化，而苹果种植户的技术选择与变迁过程中将继续遵循用相对价格较低的要素替代相对价格较高的要素这一原则。一般而言，我们假定苹果种植户的土地规模不变，苹果种植户的技术选择将主要表现为资本与劳动要素之间的替代。持续的技术变迁及其技术集合则表现为某种制度安排的变化与模式的形成。矮化密植集约栽培模式则是苹果种植户对日益上涨的劳动力价格所做的经济理性选择。

2.4.2　技术变化分类及类型

技术变化的倾向取决于技术变化的替代弹性，决定了资本—劳动比率（K/L）及工资—租金比率（w/r）之间的关系，进一步也决定着劳动和资本的收入份额（速水佑次郎和神门善久，2009）。

技术变化通常根据使用生产要素的结构与倾向进行分类。通常，根据劳动要素投入的相对比率，将苹果种植的技术变化分为劳动节约型技术或劳动密集型技术。同这里的问题相关的是 Hicks（1932）分类，是以特定资本—劳动比率下劳动和资本的边际替代率的变化方向为基础的。图 2-1 是关于希克斯定义的两要素经济中技术变化三种类型的说明。图 2-1 中的每一条 i 曲线是一个单位等产量曲线，该曲线表示生产单位产出的劳动（L）和资本（K）投入的组合方式。借助于式（2-1），它可以定义为

$$I = F(L,\ K) \tag{2-1}$$

（F_L/F_K）定义为对于特定的 K/L 比率，这种技术进步可以用图 2-1 从 i_0 到 i_1 的移动来表示。由于劳动和资本边际生产率的比率就是边际替代率（$\partial K/\partial L = F_L/F_K$），因此它可以用与 i 曲线相切的切线斜率来度量，而资本—劳动比率的表示是通过原点的直线的斜率来表示。因为在图中，分别通过 a 点和 b 点的直线的斜率，与 i_0 和 i_1 相切的切线斜率和对应于固定的 K/L 比率的直线 OA 是相同的，即对于苹果种植户来说，劳动—资本比率的技术进步是中性的，所以如 i_0 到 i_1 的变化，单位等产量曲线是平行移动的，技术进步是中性的。理论方面，如果假定要素市场为竞争性均衡，即是完全竞争的，要素的流动与交换是自由的，那么劳动（L）和资本（K）的边际替代率等于工资—租金（ω/r）比率。因此，对于由 $(\omega/r)_0$ 表示的特定的工资—租金比率，资本—劳动比率在从 i_0 平行移动到 i_1 维持在 $(K/L)_0$ 上（速水佑次朗和神门善久，2009）。

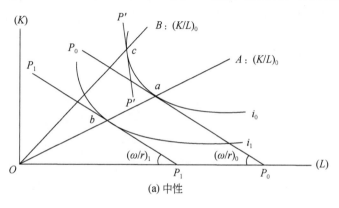

(a) 中性

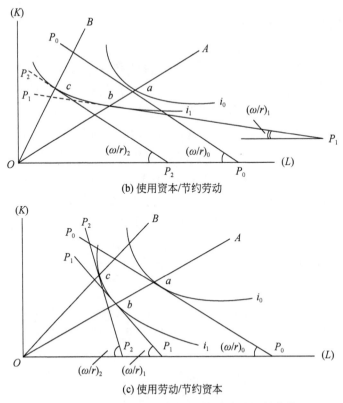

(b) 使用资本/节约劳动

(c) 使用劳动/节约资本

图 2-1　技术进步的分类与劳动–资本之间的替代

　　图 2-1 技术进步的分类和劳动—资本之间的相互替代可重新表述为：对于具体市场环境中特定的工资—租金 ω/r 比率，如果资本—劳动比率不变，根据边际报酬递减规律判断，这类技术进步就是中性的。因此，在这种类型的技术进步下，劳动收入（ωL）对资本收入（rK）的比率不变，意味着劳动和资本之间的收入份额不变。但是，如果劳动对资本的相对价格发生变化，则劳动与资本要素之间的投入比例及其收入分配比例必然发生改变。

2.4.3　技术变迁与收入分配

　　观察收入份额的变化是通过图 2-2 表示出来的。图 2-2 与图 2-1 中三个图的任意一个都有所对应，图 2-2 中单位等产量曲线 i 与等成本线 PQ 相切于点 a，a 表示最低的成本均衡。资本—劳动比率（K/L）由 $\angle aOP$ 衡量，说明等式 $aT/OT = K/L$。因为线段 TP 和线段 aT 之间的比率由 $\angle aPT$ 衡量，则以下等式成立：$aT/OT = \omega/r$。aT/OT 除以 aT/OT 得到如下结果：$TP/OP = rK/\omega L$。

因此，劳动和资本的收入份额分别由（ OT/OP ）和（ TP/OP ）来衡量。

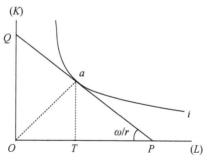

图 2-2　劳动和资本的收入份额

苹果矮化密植集约栽培技术，属于资本密集和劳动节约型技术，是相对传统的乔化密植栽培技术的一种进步。它是一种对于特定的资本—劳动比率的技术进步。这种技术进步，能够提高劳动边际生产率（ F_L ）与资本边际生产率（ F_K ）的相对比率。图 2-1 中 i 曲线的非平行移动则说明了这种技术进步的特征。即在这种技术进步条件下，资本—劳动的比率越高，曲线就向原点移动的距离就越大。即对于新的苹果栽培技术而言，如果这种栽培技术是以资本的密集投入来替代劳动的投入，那么在资本要素可以满足需求的前提条件下，资本的投入可以获得更高的技术效率或者技术效益。资本对劳动的替代十分显著。苹果矮化密植集约栽培模式中的宽行密植、矮化砧木的选择应用、搭建立架，以及现代节水灌溉设施的应用、树形修剪方式等栽培技术要求，都是在增加资本投入的基础上，尽可能节约劳动的投入，从而达到苹果高产高效的效果。由此看出，资本密集（和劳动节约）型技术进步也是诱发资本—劳动比率提高的一种技术进步类型。在这种类型的技术进步条件下，牺牲劳动收入份额成为增加资本收入份额的一种代价，或者是成本。

对于资本节约型技术进步而言，将劳动的利用和资本节约与资本边际生产率（ F_K ）、劳动边际生产率（ F_L ）进行比较，如果前者相对于后者有所提高，则称为资本节约型技术进步。图 2-1（c）则表现了这种技术进步的变化状况与过程。在这种技术进步的条件下，劳动利用是倾向于以资本—劳动比率的高低来判别的。资本—劳动的比率越低，曲线向原点移动距离越大。即对于苹果栽培技术进步而言，如果新的栽培技术对劳动力的投入要求更高，劳动的边际生产率在增加一单位劳动投入时所体现出的效应比增加一个单位的资本投入的边际效应更为显著。那么在这样的技术进步条件下，劳动收入份额的提高是以牺牲资本收入份额为代价的，增加资本的投入并不能带来生产效率与效能的显著提高。而在现实劳动力要素市场条件下，劳动力要素价格的持续上涨，约束了劳动力要素的投入需求，即便果农具备充足的资本要素投入条件，也不能带来苹果生产产量与产能的显著增加，反而是一种无效投入。

依据以上的理论分析可以看出，技术进步分为三种类型：中性技术进步、资本节约型技术进步与劳动节约型技术进步。在苹果种植的要素投入过程中，如果资本—劳动之间的投入比率相同，矮化密植集约栽培制度所需要的资本如果可以得到充分的满足，那么果农并不一定会选择新的栽培模式来替代传统栽培模式的应用，这种技术进步就是中性的。因为新技术的采纳虽然带来了苹果产量的提高，但在资本投入和劳动投入等要素投入方面，有了更高的要求。而新技术的作用并没有表现出显著的效用。对于目前的国内矮化密植栽培制度的应用现状来看，政府及各技术推广部门，虽然在资本投入方面给予了充分的资金支持，但是能够替代劳动力投入的技术或设备的发明与应用，却无法与资本的投入保持同步，使得采用矮化密植集约栽培模式的农户，在增大资本投入的同时，仍然需要投入大量的劳动要素。具体表现在疏花疏果、修剪、化肥农药施用、灌溉、套袋摘袋、采摘等苹果生产的农艺环节中，仍然需要大量的劳动力要素的投入，不能形成资本对劳动的有效替代。新的栽培技术的进步成为中性技术进步，并没有呈现出新技术的采纳所带来的显著生产与经济效果。

完善的矮化密植集约栽培制度的最大优势，是通过采用适宜性的现代机械投入与资本要素的密集投入，形成对劳动要素和土地要素等稀缺要素的替代作用，从而促进新技术对传统技术的替代。它属于劳动节约型技术进步的类型。这种技术的进步提高了资本的分配份额，降低了资本边际生产率对劳动边际生产率的比例，因此等成本线的斜率发生了变化。这种新的技术的广泛采纳，需要更高的资本投入来替代劳动的投入，如应用机械来替代劳动，应用矮化砧木让树形变得更矮小，便于机械的使用，以及采用集约密植的栽培方式来充分利用土地要素的投入。但是，就目前我国苹果种植技术选择的现实来看，传统的乔化密植栽培模式与代表现代栽培模式的矮化密植栽培模式为共存状态，说明在要素市场不完善的条件下，资本的供给并不具备完全弹性，即矮化密植集约栽培制度能够充分实施的资本投入处于短缺状态。因此，苹果矮化密植集约栽培制度的推广和应用在现实的农业发展条件下，进展较为缓慢。

2.4.4　诱致性技术变迁

诱致性技术变迁理论指的是新制度的产生对旧制度安排的变更或者替代，是由个人或者群体，在响应获利机会时自发倡导、组织和实行（林毅夫，

1993）。当某一种要素禀赋（如劳动力）相较于其他一种要素禀赋（如资本）变得更为稀缺时，两种要素之间特定的相对价格诱导生产者选择节省劳动力和投入更多资本的技术变迁。追求利润最大化的企业家选择这种有偏向的技术变迁源于其采用相对更丰富的要素（价格更便宜）替代更为稀缺的要素（价格更昂贵）来降低生产成本。新古典经济学框架下的诱致性创新理论假设存在一个竞争性市场，在这个市场中，厂商生产计划中使用的要素的相对丰富和稀缺性由要素价格来反映。

图 2-3 描述的是多投入—单产出的生产关系（生产函数），投入包括劳动（L）、资本（K）和反映自然资源的土地（A）这三种要素，产出表示产量（粮食或水果）。这里假定资本主要是由过去的劳动投入生产出来的。

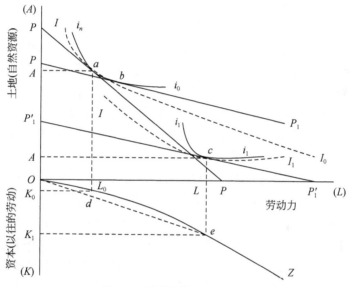

图 2-3　诱致性技术创新模型

一方面，图中上部的 AOL 象限表示在生产单位产量时（单位等产量）土地和劳动之间的替代关系。另一方面，下部 LOK 象限中的 OZ 曲线表示劳动替代土地时资本与劳动之间的互补关系。通过劳动对土地的替代，资本—劳动比率（K/L）呈现出指数形式的增长，这可以从凹的 OZ 曲线可以看出。

AOL 象限中的曲线 I 表示"创新可能性曲线"，用来描述同一时期中可利用的知识和人的能力的提高，曲线会发生移动，即从开始的 I_0 移动到 1 时期的 I_1。根据诱致性技术创新理论，i_0 表示在开始时期，开发并被生产者采用的一种特殊形式的技术，这是因为该技术是在确定的土地和劳动价格比（P_0）下使得生产成本最小的技术，与此同时，P_0 的大小反映了在这一时期土地和劳动力之间的相对稀缺性。即技术 i_0 是厂商在可选择的创新可能性集合 I_0 中追求成本最小化（图中 a 点）而开发并被采用的。

正如前面提到的，假定资本和劳动在替代土地方面是互补的，那么 a 点的土地与劳动之比（OA_0/OL_0）和 d 点的资本—劳动之比（OK_0/OL_0）相对应。在假设资本主要是由前期的劳动投入生产出来的前提下，认为资本—土地价格的比率与劳动—土地价格比 P_0 是大致平行的。

当假定土地的相对稀缺性从开始时期 0 到时期 1 提高了，那么劳动—土地的价格比率 P_0 发生下降，到达 P_1 点。与此同时，创新可能性曲线也发生变化，由曲线 I_0 朝着 O 点方向移动到曲线 I_1，这种变化表示投入更少要素生产单位农产品的能力有所提高。与此相对应的是厂商选择技术 i_1 比选择创新可能性集合 I_1 的其他可能性更加有利于降低成本。

对于苹果种植户而言，在现有要素市场条件下，劳动力要素相比较资本要素、土地要素而言是更加丰富的。传统的苹果栽培技术（乔化密植栽培技术）是一种劳动密集型栽培技术，大多数的农艺过程都需要投入大量的劳动力要素，从而获得应有的收益。相对于传统的栽培模式而言，矮化密植集约栽培模式是一种现代要素投入密集的栽培模式，在整个栽培的农艺过程中，需要更多的资本投入来替代劳动要素的投入与土地要素的投入。具体表现在矮化砧木、立架栽培、节水灌溉设施、高密度种植、果园机械等多个农艺环节都需要投入资本来替代传统劳动力的投入。而矮化密植栽培模式的化肥亩均使用量、灌溉水亩均使用量、苗木亩均使用量等生产要素的投入量都比传统的乔化密植栽培模式要高。根据诱致性技术变迁理论，如果在一种要素相对于另一种要素的成本发生变化，苹果种植户对技术的选择则遵循资本、劳动和土地等生产要素资源禀赋变化过程中的技术选择与变迁。这样在生产过程中，果农就会偏向于使用价格较低的要素，而减少使用昂贵的要素。那么矮化密植集约栽培模式则是苹果种植户对日益上涨的劳动力价格所做的经济理性选择。

2.5 小　结

果树栽培制度的变革及其技术集合，是果树栽培者在现有生产函数与要素约束条件下的理性行为选择，充分体现了诱致性技术创新理论的全部要点。随着发展中国家工业化进程的加快，特别是工农业比较收益的结构性变化，导致农业生产越来越多地受到来自土地、劳动力等传统生产要素的制约（表现为相对价格的持续、全面上涨），进而诱发相关主体越来越多地使用相对价格比较低的资本与技术要素。这种要素投入结构及伴随的生产方式的变化，则体现为果树栽培模式或制度的变革。本章即是基于诱致性技术创新理论，对现阶段我国苹果种植户采用的矮化密植集约栽培模式的选择行为进行经济学解释，并对照乔化栽培模式进行技术经济评价，力图为我国苹果栽培制度的演进探索发展路径与政策建议。

第 3 章
苹果栽培制度发展与变迁

3.1　世界苹果栽培与制度变迁

3.1.1　世界苹果栽培历史与特征

世界苹果的栽培历史十分久远，在 6500 年前的 Anatolia（土耳其的亚洲部分）的考古遗址中就曾发现有苹果的果实遗存物；在古埃及的纪念碑上，也出现了苹果的图样；在瑞士古达的湖滨居民的考古出土物中，也发现有碳化的苹果遗存物。因此，科学家可以推算出苹果的栽培距今大约已有 5000 年的历史（Morgan，1993）。

欧洲的苹果种植源于希腊，古希腊哲学家 Theophrastus 大约在公元前 4 世纪写了世界上第一部果树栽培著作。在该书中他论述了当时希腊所栽培的果树的属种。两个世纪后，古罗马作家 M. P. Cato 在他的书作中描述了 7 个苹果品种，随后 Pliny 于公元 1 世纪在书作中记录了 36 个苹果品种，并且记载了果树的嫁接技术。随后，苹果栽培技术由古希腊和古罗马传入西欧，但直到中世纪，苹果栽培并没有得到广泛的发展，只是在一些寺庙中有所种植。到了 16 世纪开始，苹果种植才得到广泛的发展，直到 17 世纪有记载的苹果品种达到 60 多种。18 世纪之后，Mons 利用实生播种培育出了苹果新品种，连同 T. A. Knight 采用杂交育种技术，培育出了大量优良苹果新品种，从而促进了苹果种植在欧洲的快速发展。

美洲苹果栽培是在 300 多年前由欧洲传入。欧洲品种的不断传入带来 19 世纪后期美洲新品种的大量育成，使得美国成为世界上苹果栽培面积与数量最多的国家之一。

亚洲的苹果栽种历史较短，最初栽植的为西洋苹果，即一般所称的苹果，至今只有不过百年的历史。亚洲苹果最初由美国传入日本，后来相继传入朝鲜和中国。

处于亚热带与热带地区的南半球的苹果栽培发源于 1650 年，最初栽培于南非的开普敦地区。澳大利亚的苹果最早发展于 Tasmania 地区，现在仍然是澳大利亚最集中的苹果栽培区域。新西兰在 19 世纪和 20 世纪期间，也有部分苹果种植区域，主要集中在 Hawke's Bay 和 Nelson 地区，至今这两个地区的苹果产量占新西兰年均总产量的 70% 左右。

3.1.2 世界苹果栽培现状与分布特征

苹果是世界上最重要的落叶果树，也是世界四大水果之一，其产量仅次于柑橘、香蕉和葡萄，位居第四名。苹果的生态适应性较强，因此在全世界在世界范围内被广泛种植，甚至在低纬度的亚热带和热带的一些高海拔地区都有种植。苹果的营养价值很高，耐储藏性好，因此，世界上很多国家都将苹果列为主要的消费果品而大力推广。

世界苹果种植的分布比较广泛，不仅在世界温带地区有栽培，甚至在低纬度的亚热带和热带的一些高海拔的地区也有栽培。从洲际分布来看，除南极洲以外，其他 6 个大洲均有苹果种植，但世界苹果种植的主要产地分布在亚洲、欧洲和美洲的大部分地区。近几年，亚洲地区苹果产量持续增长，欧洲产量维持动态平衡，美洲产量略有下降。根据 FAO 调查统计，目前全世界共有 93 个国家种植苹果，其中国、美国、伊朗、土耳其、俄罗斯、意大利、印度、法国、智利、阿根廷、巴西、德国和波兰为主要苹果生产国，年均产量超过 100 万吨。中国是目前世界上最大的苹果生产国，根据美国农业部国家农业统计数据显示，中国在 2012 年/2013 年产季的苹果产量达到 3800 万吨，约占世界总产量的 55.60%。

表 3-1 列出了近几年世界各国苹果产量的对比情况。中国是目前世界上苹果的第一生产大国。根据美国农业部经济服务处数据，2012 年/2013 年产季中国苹果产量将达到 3800.00 万吨，约占世界总产量的 55.60%。欧盟 27 国[①]的产量为 1129.70 万吨，约占世界总产量的 16.74%。世界苹果总产量持续递增，从 2007 年/2008 年产季的 5308.10 万吨，增加到 2012 年/2013 年产季的 6747.08

---

① 欧盟 27 国成员包括：1951 年 4 月 18 日，法国、联邦德国、荷兰、意大利、比利时和卢森堡 6 国在巴黎签署了《欧洲煤炭与钢铁共同体条约》，1973 年后，英国、丹麦、爱尔兰、希腊、西班牙和葡萄牙先后加入欧洲共同体，成员国扩大到 12 个。1993 年，欧洲共同体更名欧洲联盟（简称"欧盟"），1995 年，奥地利、瑞典和芬兰加入，使欧盟成员国扩大到 15 个。2004 年，塞浦路斯、匈牙利、捷克、爱沙尼亚、拉脱维亚、立陶宛、马耳他、波兰、斯洛伐克和斯洛文尼亚 10 个中东欧国家入盟，2007 年 1 月，罗马尼亚和保加利亚两国加入欧盟。

万吨，而世界苹果总产量的连年增加主要取决于中国苹果产量的连年递增的贡献，中国苹果产量从 2007 年/2008 年产季的 2480.00 万吨增加到 2012 年/2013 年范围产季的 3800.00 万吨，平均每年增长 283.98 万吨。

表 3-1 世界各国苹果产量情况对比　　　　　　单位：万吨

范围	2007 年 /2008 年	2008 年 /2009 年	2009 年 /2010 年	2010 年 /2011 年	2011 年 /2012 年	2012 年 /2013 年
中国	2 480.00	2 980.00	3 168.10	3 326.30	3 598.50	3 800.00
欧盟 27 国	1 029.50	1 265.50	1 202.10	1 088.60	1 206.90	1 129.70
美国	410.30	432.70	428.80	417.90	422.70	408.10
土耳其	245.80	260.00	275.00	250.00	270.00	290.00
印度	200.10	198.50	193.50	193.60	175.00	175.00
智利	135.00	128.00	137.00	143.10	136.00	131.00
俄罗斯	130.00	111.50	123.00	91.00	112.40	121.00
巴西	98.30	105.30	122.10	127.59	122.00	119.00
乌克兰	75.50	71.90	85.30	89.60	105.00	105.00
阿根廷	98.00	93.30	83.00	106.0	86.00	91.00
其他国家	405.60	408.30	416.40	400.70	415.70	391.50
世界总产量	5 308.10	6 055.00	6 234.20	6 219.90	6 634.27	6 747.08

资料来源：美国农业部 2013 农业统计数据年鉴 Chapter V-4。

苹果生产的单位面积产量可从另一个方面反映一个国家的苹果生产力水平和生产技术水平。表 3-2 列出了世界苹果生产单产水平对比情况。世界苹果单产水平超过 2 吨/亩的国家有 13 个，其中欧盟 27 国成员占据 5 个（奥地利、荷兰、法国、意大利和斯洛文尼亚），另外欧洲还有排名第 2 的瑞士，单产水平 5.75 吨/亩；大洋洲的新西兰排名第 4，单产水平为 3.24 吨/亩；亚洲排名居首的是以色列，单产水平为 2.72 吨/亩；非洲排名靠前的国家有利比亚和南非；美洲单产水平超过 2 吨/亩的国家包括巴西、智利和美国；中国的单产水平为 1.17 吨/亩，排名第 27，比世界平均水平高出 0.11 吨/亩，但比排名第一的奥地利单产水平低 4.85 吨/亩。中国苹果生产的总产量虽然位居世界第一，占到了世界苹果总产量的一半以上，但是中国苹果生产水平较低，单位面积产量和世界其他苹果主要生产国差距甚远，说明中国的苹果栽培技术与果园综合管理水平还处于低质量发展阶段，现代苹果产业的健康快速发展，需要转变现有苹果栽培制度才能获取持续的进步空间。

表 3-2　世界苹果生产单产水平对比情况

排名	国家	单产/（吨/亩）
1	奥地利	6.02
2	瑞士	5.75
3	荷兰*	3.37
4	新西兰	3.24
5	法国*	2.96
6	意大利*	2.83
7	以色列	2.72
8	斯洛文尼亚*	2.57
9	利比亚	2.42
10	巴西	2.34
11	南非	2.31
12	智利	2.22
13	美国	2.13
27	中国	1.17
—	世界平均	1.06

资料来源：根据 FAO 整理所得；＊为欧盟 27 国成员。

从各大洲苹果生产来看，亚洲一直在苹果生产中占据最主要的地位，其主要生产国包括中国、土耳其和印度等。2011 年，亚洲苹果种植面积达到 4775.4 万亩，约占世界苹果种植总面积的 67%，亚洲苹果产量达到 4813.56 万吨，约占世界总产量的 64%；欧洲苹果种植面积达到 1584 万亩，约占世界苹果种植总面积的 22%，欧洲苹果产量为 1523.09 万吨，约占世界总产量的 20%，其主要生产国包括欧盟 27 国、俄罗斯和乌克兰等；美洲、非洲、大洋洲分别约占世界苹果生产总面积的 7%、3%、1%，占世界苹果总产量的 12%、3%、1%（图 3-1）。美洲的主要苹果生产国家包括美国、智利、巴西和阿根廷等。

3.1.3　世界苹果栽培制度变迁

苹果是世界上主要栽培的落叶果树之一，在 20 世纪 70 年代前，世界苹果栽培模式都是以乔化稀植为主。我国在 20 世纪 50 年代，从苏联引进的乔化栽培技术也是以主干疏层形为主的乔化稀植栽培方式。

20 世纪 70 年代以后，全球苹果消费价格逐步降低，为了保证苹果生产者

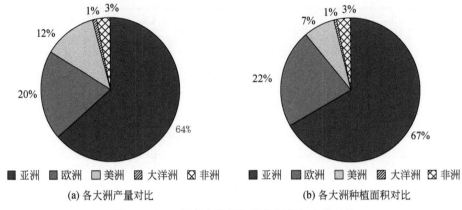

(a) 各大洲产量对比　　　　　　　　(b) 各大洲种植面积对比

图 3-1　2011 年各大洲苹果种植面积与产量对比

资料来源：根据 FAO 资料整理所得。

的经济效益，果树栽培研究者开始对矮化密植集约栽培技术进行研究，以期寻求更加高效优产的栽培模式。研究者从矮化砧木和矮化品种以及砧木与品种组合等方面入手，筛选了大量的矮化砧木和矮化品种。我国的果树栽培研究者在此期间也集中对引进国外的苹果栽培矮化品种和矮化砧木进行了集中研究，并筛选和培育出了一些适合国内栽培和种植的苹果矮化品种和矮化砧木。

对矮化密植集约栽培模式的选择与研究，国外生产者与研究者主要关注的问题是在种植苹果过程中，是获取木材还是获取果实。因为一棵苹果树每年的生物产量是基本一致的，但这些生物产量用于木材生产的多，用于果实结果的就会减少。因此在矮化密植集约栽培研究中，国外研究者首先考虑的是如何减少因苹果树体的骨架生产而带来的对生物产量的消耗。这种思维的产生，给苹果的栽培制度的研究开创了创新研究的新领域：为使苹果的树体能够承载较多的产量，在树形的选择上需要减少枝条数量和减小树形结构，因此首先采用了以纺锤形为主的树形，大大减少了分枝级次；随后取而代之的是给每棵苹果加立支架，在苹果树的中干上直接着生结果枝，这在很大程度上减少了树体因自身骨架建造，增加枝条数量而消耗的生物产量。因此从 20 世纪 80 年代开始直到今天，以意大利博尔扎诺地区为代表的矮化栽培模式，是一条主要以矮化篱架型立架作为树体支撑的矮化集约栽培的新模式。苹果生产可实现 1 年栽植，2 年结果，3 年丰产（2500 千克/亩）的效果。

随着消费市场上消费者收入水平提高，居民可支配收入增加，消费者对果实品质的要求逐渐提高，国外生产者和研究者将苹果种植的良好土壤环境与科学施肥的问题纳入研究范畴。为了能及时更新结果树体和修复土壤的环境，他们大大地缩短了果园寿命，要求苹果园寿命在 15~20 年，不超过 20 年就更新一次，以便能够在苹果的品种和质量方面及时适应市场消费需求。在此期间他们充分利用果园生草技术和土壤改良技术，成功解决了果园的重茬问题，消除了连作障碍的不良影响。因此，目前世界上发达的苹果栽培国家，如美国、加拿大、日本、韩国、智利、澳大利亚、法国、新西兰等，都在重点研究和推广苹果矮化密植集约栽培模式，完善了苹果矮化密植集约栽培制度，完成了苹果栽培模式由乔化稀植—乔化密植—矮化密植集约的变迁过程，并且取得了非常好的效果。因此，矮化密植集约栽培制度已成为当今世界苹果生产的主要栽培制度。

3.1.4 世界苹果栽培制度变迁经验与借鉴

世界苹果栽培制度的变迁规律表明，以节约劳动为特征的资本要素密集投入与技术要素密集投入的栽培技术是苹果栽培技术与制度变迁的必然选择。世界苹果产业发达国家的栽培制度已经发生深刻变化，其中矮化密植集约栽培模式代表着苹果产业发展的方向。矮化密植集约栽培制度是一种具有技术简化、劳动力节省、便于机械设备操作特征的先进苹果栽培制度和果园管理模式，而新的栽培技术得以快速应用与推广，必然要以充足的资本要素投入与密集的技术投入、适宜性的技术装备等现代生产要素的大量投入为依托。矮化密植集约栽培制度又是包含砧木选择、砧穗结合、水肥管理、花果管理、土壤管理、灌溉管理等栽培技术与管理的综合集成体。因此，新的栽培技术的应用与推广，不仅仅是提高栽培制度中某一项或者几项技术的水平，也不仅仅是通过政府或技术推广部门的强制技术推广与应用，或者单一的资本投入能够实现的，而应该是一个整体的配套管理体系的综合研发与应用的复杂过程。

3.2 中国苹果栽培历史与现状

中国是世界上苹果属植物最为丰富的国家，世界上 36 个苹果属植物中的 25 个品种就原产于中国。由于中国的苹果属植物种类丰富，因此苹果类果树在中国的栽培历史相当悠久。早在 1400 年前就有绵苹果、沙果、海棠果等品种在广泛栽培。在贾思勰的《齐民要术》中也有关于苹果类果树的繁殖、栽培及加工技术的更为详细的记载，当时在我国甘肃河西走廊一带，包括武威、张掖、酒泉、敦煌等地，已经是苹果的集中栽培中心，而且已经有了加工方法（孙云蔚，1983）。

我国现代广泛栽种的苹果类果树最初称为西洋苹果，具有较多的优良品种。西洋苹果在我国的栽培历史不长，约有百余年。西洋苹果最初于1870年左右自美国传入山东烟台地区，由美国长老会成员John L. Nevius引入（陆秋农，1999）。这些品种经过后来的栽培、繁殖与推广使得烟台地区成为我国最早的苹果栽培产区。

青岛地区苹果栽培的历史也较早。1895年前后，德国、日本侵占青岛后引入。主要引入品种有红魁（Red Astrachan）、黄魁（Yellow Transparent）、伏画皮等，后来又引入国光（Ralls Janet）、红玉（Jonathan）、青香蕉等品种。1933年又从美国引入红星（Starking）、金冠（Golden Delicious）等品种。

辽南是我国另一个栽培苹果较早的地区。这里的苹果最早是在19世纪末，在俄国强租旅顺、大连后引入。1911年后，日本入侵大连、旅顺地区以后，由日本和朝鲜引入更多苹果类植物品种，并逐渐传至辽南各地，成为我国最大的古老苹果生产基地，并在其后的30年左右，传入我国西北、西南地区。

苹果矮化砧木的研究与利用经历了近百年的历史，不同的国家和不同的地区在苹果矮化砧木的研究方面都经历了不同的过程。我国于1871年从烟台最早引进美国西洋苹果进行栽培以来，已有140多年的历史。至2013年，根据《国家现代苹果产业技术体系苹果产业经济研究室报告》显示，我国现有苹果栽培面积为3379.5万亩，产量达到3170万吨。

从图3-2可以看出，中国苹果生产在1978~2012年大致经历了四个阶段。一是稳定发展阶段（1978~1984年），全国的苹果种植面积保持基本平衡状态，徘徊在1050万亩左右；二是快速增长阶段（1985~1996年），此阶段的全国苹果种植面积从1985年的1298.1万亩增加到了1996年的4480.2万亩，年平均增长290.35万亩；三是迅速下降阶段（1997~2003年），苹果种植面积从1997年的4257.45万亩下降到2003年的2850.6万亩，年平均减少234.45万亩；四是缓慢增长阶段（2004~2012年），苹果种植面积从2004年的2814.9万亩增加到了2012年的3347.1万亩，年平均增长约66.6万亩。总体而言，改革开放以来中国苹果种植面积在波动中增长，从1978年的1018万亩增加到2012年的3347万亩，增幅达3.29倍。

从图3-3可以看出，从改革开放到20世纪90年代初期（1978~1991年），中国苹果产量基本稳定，从1978年的227.52万吨增加到了1991年的454.04万吨，年平均增长17.42万吨；20世纪90年代以来，随着苹果幼园陆续投产和生产水平的提高，先后经历了两次产量上的快速增长阶段。

第一次快速增长阶段（1992~1999年），我国苹果产量从1992年的655.58万吨增长到了1999年的2080.16万吨，年平均增长203.51万吨。在此

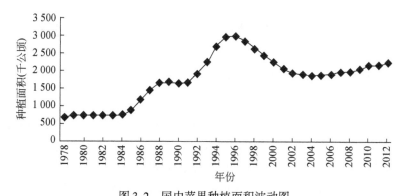

图 3-2　国内苹果种植面积波动图

资料来源：1978～2012 年中华人民共和国国家统计局年度数据。

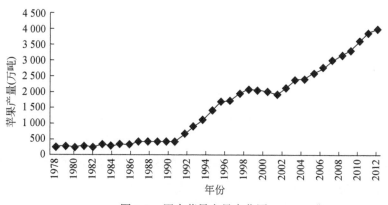

图 3-3　国内苹果产量变化图

资料来源：1978～2013 年中华人民共和国国家统计局年度数据。

期间，由于旱灾，1997 年比 1996 年仅上涨了 17.13 万吨（增幅 1.00%），而这个时期的快速增长主要取决于苹果种植面积的大幅增加。

第二次快速增长阶段（2003～2013 年），我国苹果产量从 2003 年的 2110.18 万吨增加到了 2013 年的 3968.26 万吨，年平均增长 185.81 万吨，这个时期苹果产量的增长主要取决于技术进步导致的单产的增加。

在两次快速增长阶段中间（2000～2002 年），由于栽培面积下降，苹果总产量下滑，从 2000 年的 2043.12 万吨下滑到 2002 年的 1924.10 万吨，年均下降 59.51 万吨，此阶段产量的下降主要是由苹果种植面积的减少造成。总体来看，改革开放以来，中国苹果产量实现了飞速地增长，从 1978 年的 227.52 万吨增加到了 2013 年的 3968.26 万吨，增幅达 17.44 倍。

3.3 中国苹果栽培制度的变迁及存在问题

3.3.1 苹果砧木种类及繁育特征

目前世界上的苹果树都是通过嫁接的方法来进行繁殖，即苹果树是由砧木和接穗品种组合而成的。利用矮化砧木是苹果矮化栽培的主要途径之一，在世界上的苹果种植生产中已被广泛采用。在利用矮化中间砧的情况下，一株苹果树由三部分组成：下部为砧木，中间部分为中间砧，上部为栽培品种。如果要使上部的嫁接品种能够健壮生长与获得高产，砧木和接穗品种必须要有良好的亲和力。不同的品种需要不同的最适宜的砧木，因此，选择适宜的砧木繁殖苗木对苹果树及品种的栽培是十分重要的。

目前国际上普遍采用的苹果砧木有两个大类：乔化砧和矮化砧。乔化砧的繁殖方式是利用植物的种子进行繁殖。乔化砧的植株一般都比较高大，对立地环境和自然环境的适应性比较强。但是因为树形比较高大，因此需要的栽培空间大，结果的时间也比较迟。乔化砧的苹果树的单株产量较高，经济利用的年限长。乔化砧的苹果树利用种子进行繁殖，采种和嫁接繁殖比较容易，但是繁育的苹果植株之间在长势方面表现差异较大，有的植株高大茂盛，但有的植株矮小长势弱，结果时间较晚。利用矮化砧嫁接的苹果树长势较弱，适应性较乔化砧果树较差，对土壤及栽培的自然环境与水肥条件要求较高。但最大的优点在于植株间长势一致，便于管理，挂果时间较早，植株营养面积小，但是单位产量高，果实品质也好。利用矮化砧进行苹果的栽培已成为当今国际上苹果栽培的普遍趋势。

用于苹果矮化砧木的类型很多，国际上广泛采用的有英国培育的 M 系和 MM 系，中国在引进国外矮化砧木的同时，也自主研究了利用国光和河南海棠培育的 SH 系列矮化砧木。许多国家都在发展矮化砧木选育研究，并培育出了一系列新的矮化砧木。

矮化砧木嫁接品种后，苹果树体的矮化程度的大小是相比较乔化砧木的苹果树体而言的，即通常用乔化砧木树体的大小作为对照进行比较。凡是树体的高度及大小相当于乔化砧木的 30%，为极矮化砧木，相当于乔化砧木树体 30%~55% 的为矮化砧木，55%~65% 的为半矮化砧木，65%~85% 的为半乔化砧木，超过 85% 的为近乔化砧木（Barritt，1994），如图 3-4 所示。

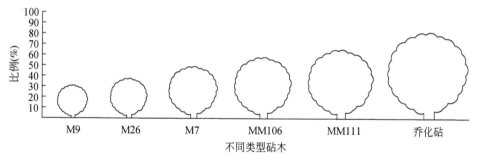

图 3-4　苹果不同类型矮化砧木树体大小示意图

3.3.2　苹果矮化密植集约栽培制度的主要特征

苹果的栽培制度对于苹果的栽培和生产起着非常重要的作用。最近 30 多年，在世界范围内，世界的苹果栽培制度发生了深刻的变化（韩明玉，2007），越来越多的苹果生产国家采用苹果矮化栽培模式。很多国家的苹果矮化栽培面积占到了本国苹果栽培总面积的 70% ~80%（Kamboj et al.，1997）。

苹果矮化密植集约栽培模式利用矮化砧木短枝型品种，通过减低树木长枝数量，增加成花数量，或采用人工致矮技术措施和植物生长调节剂等，引起树势减弱、树体矮化（Seleznyova et al.，2008），从而可使栽植株行距缩小，密度增加，并采取与之相适应的栽培管理措施，获得早果、早丰的栽培效果。

利用矮化砧木栽培苹果的特征主要体现在以下几个方面：第一，树体较小。一般树的高度在 2~3 米范围，适合于密植栽培方式及生产管理，包括修剪、打药和采摘。第二，结果时间较早。一般矮化苹果树定植之后第三年就可结果，由于栽种密度高，因此产量较高。第三，果实的成色较好。因矮化栽培的苹果树植株矮，可充分接受阳光并进行光合作用，在果园管理方面，矮化密植集约果园的肥水条件要求较高，因而结出的果实成色与品质都较好。第四，树龄短。矮化苹果的栽培是利用人工致矮和植物生长调节剂使得树体矮化，在栽培学被称为树势的弱化。因此，矮化栽培的苹果树的树龄都较短，在生产上便于苹果品种的更新换代。但是其致矮的机制目前尚不完全清楚。Lockhard（1981）认为，树体的矮化是因为嫁接的果树品种与矮化砧的嫁接部位造成了树木对水分和营养的吸收起了变化；Kamboj 等（1997）认为，矮化果树致矮的原因是植物生长素在矮化砧树木体内的含量变少，使得其树形及树高都较矮小。

与现在国内苹果园普遍采用的乔化密植技术相比，矮化密植集约栽培技术的特征主要表现在以下几个方面。

3.3.2.1 单位面积产量高，早期丰产

采用矮化密植集约栽培模式的苹果园单位面积栽种株数多，可以充分利用土地资源，亩均产量明显高于乔化密植模式。挂果时间较乔化密植模式提早1～2年，在早期就可实现丰产，基本消除大小年现象。以意大利高纺锤形现代果园为例，其一般以1米×3.3米的株行距定植，每亩可栽222株。树高3.5米以上，冠幅0.8～1.2米，第二年即可挂果，亩产1000千克左右，第三年亩产2000千克，第四年3000～4000千克，达到成龄丰产果园水平。而普通乔化密植果园的种植密度一般在3米×4米的行株间距，每亩种植苹果56株，第4～5年开始挂果，每亩产量从开始挂果的550千克至丰产值的2000千克左右，区别较大。

3.3.2.2 用工投入减少，便于省力化机械推广

矮化果树树体矮小，便于管理，有利于机械化，工作效率较高。苹果产业经济研究室固定监测点数据显示，矮化苹果与乔化苹果相比，在修剪、采收、套袋摘袋、疏花疏果等以人工投入为主的操作环节上，比乔化苹果提高工效2～3倍。矮化密植集约栽培模式在亩均的修剪用工量上只相当于乔化密植栽培模式修剪量的28%，采收环节的用工投入基本可提高1～3倍，喷药费用只相当于乔化树的3/5～2/3，且有利于采用机械进行修剪、喷药、采收等主要作业。在省力化机械作业使用程度方面，世界上主要苹果生产国的果园普遍采用矮化密植集约栽培模式，配套管理技术与机械省力化作业程度很高，一个200～300亩的果园仅2～3人便可完善管理。

3.3.2.3 土地利用率高

矮化密植集约化栽培可以节省大量土地。例如，有的国家在发展矮化果园面积的同时，逐年缩小苹果园总面积。荷兰在1952年苹果栽植面积达64.71万亩，1961年缩小为53.06万亩，下降率为18%。但是，矮化果园面积逐年扩张，超过苹果总种植面积的80%。与此同时，苹果产量也在逐年增加。第二次世界大战之前产量为0.73亿千克，1966年产量为3.7亿千克，1970年达到4.7亿千克。

3.3.2.4 品种更新频率高，产量恢复快

矮化果树的树势较弱，可以实现早挂果，早丰产，果树定植后2～3年便

可结果，3～6年丰产，但是矮化果树的寿命较乔化果树短，利于果树的更新换代，在短时期内果园品种可以很快更新。对于衰老果园或遭受自然灾害损毁严重的果园，也可以采用矮化密植栽培模式建新园或补植，可快速恢复果园的产量。对于市场需求来讲，也正好有助于满足消费市场对苹果产量、产值以及消费者消费习惯的要求。

3.3.2.5 品种优势明显，便于果园管理

综合以上这些特征，矮化密植集约种植模式的优点是树冠矮小，管理方便，节省劳动力，便于机械化作业和标准化生产，经济利用土地，结果早，见效快（表3-3）。苹果矮化密植集约栽培技术是一种在劳动力资源与土地资源相对稀缺的条件下，资本替代劳动投入的一种新的技术。这种技术的应用和推广，适应于资本要素相对丰富、土地资源稀缺、工业化发展相对较为成熟的国家和地区。

表3-3 乔化和矮化密植集约苹果主要特点比较

项目	乔化密植	矮化密植集约
树形	树冠高大，适于稀植，管理不便，劳动强度大	树冠矮小，适于密植，管理方便
用工投入	多	少
成熟时间	结果晚，早期产量低，见效慢	结果早，产量高，见效快
采光性	果园密闭，通风透光不良，光合能力低，消耗多	通风透光，光合能力强，消耗少，营养积累多
果形及果色	营养积累少，不易着色，品质较差	果个大，易着色，品质好
果园管理	管理技术复杂，标准化生产较难	管理技术简单，易于标准化生产
机械化程度	不便于机械化作业，生产效率低	易于机械化作业，生产效率高

资料来源：根据国家现代苹果产业技术体系资料整理。

3.3.3 我国苹果栽培制度变迁

苹果栽培管理制度作为包含育苗、建园至果实采收等生产环节的基础理论、知识和管理技术的有机集成，对苹果产量和品质具有重要影响，成为科研机构研究的重点领域。自20世纪50年代，我国苹果栽培管理制度经历了由粗放化栽培管理制度向集约化栽培管理制度的演变过程。

虽然我国苹果栽培在近十年有了较大的发展，但和发达国家比较，还有着比较大的差距。主要问题表现在栽培品种过于集中、产量不稳定、苹果品质差异

较大，果园管理水平参差不齐等。目前，我国苹果规模种植只有大约三十年的历史，我国现有的苹果园80%以上是20世纪80年代末至90年代中期发展的（原永兵等，2011）。近三十年我国的苹果栽培制度主要经历了以下几个阶段。

3.3.3.1 乔化稀植技术模式

20世纪80年代之前，尤其在1972~1982年，我国的苹果栽培模式基本为乔化稀植栽培模式，特点主要表现为果园苹果植株间的株行距较大，一般行距为7~10米，株距为6~7米，每亩平均栽种6~14株苹果树。后期又根据不同的立地条件适当减小行株间距，出现了每亩平均栽种15~18株的苹果树。树形的主要特征是骨干分枝级次多，树体比较高大，单株占地面积较大。这种栽培模式使得树形较大，给果园管理的果树整形造成较大难度，一般完成果树的植株整形的成形需要6~8年时间，开始结果时间需到栽后的6~7年，早期产量较低，增长慢，从而延长了果树进入盛果期的时间，难以获得早期高产的目的。另外，由于树形较大，在果园管理过程中，也给修剪、疏花疏果、苹果采收、病虫害防治等方面都带来了较大的作业难度，提高了果园管理成本。

3.3.3.2 乔化密植技术模式

20世纪80年代之后，尤其是1982年至90年代初，我国商品流通市场开始实行价格双轨制，部分解除了农作物种植计划的严格限制。当时，我国苹果总产量约在200万吨，水果消费市场出现供不应求的现象。苹果等高价值作物的比较收益优势突出，栽培者和消费者都希望实现苹果栽培的早实丰产，这刺激了当时苹果种植农户扩大种植规模和提高产量的需求。当时青岛市农业科学研究院、安徽砀山、辽宁得利寺等地区开始试验密植果园的栽培与管理方式，提出了苹果密植栽培模式，这正好适应了当时农业技术转型的需要。这些果园仍以乔化密植为主，栽培密度是每亩栽种55~220株果树。1978年，在兴城召开了全国苹果密植会议，并组成了全国密植协作组，从而使得在20世纪70~90年代出现了果树栽培密植热潮（汪景彦等，2008），在当时情况下促进了我国苹果总产量的迅速提高。短时间内，我国苹果产量由1969~1971年总产量的15.5万吨，迅速提高到1994年的1113万吨，出现了苹果消费市场供大于求、销售难的状况。乔化密植栽培方式虽然可以获得单位面积较高产量，但在果树进入盛果期后（大约10年生），乔化密植栽培模式表现出的树冠大、树势旺的特点，出现了果园郁闭严重和果品质量下降、产量不稳等问题（韩明玉，2009）；而且果树枝量大、控冠难，使得人工投入增多、病虫害防治和花果管理成本大幅增高（孙建设，2008），给果园管理与生产带来不少困难。

许多地方出现了增产不增收的现象。1996~2001年，一批树龄仅为10~15年的苹果园以每年10%~15%的速度被刨掉，苹果生产跌入低谷。近十几年来，为了解决乔化密植果园郁闭严重问题，国内主要苹果种植栽培区开始进行控冠改形的果园管理技术改良。陕西、山西等苹果产区实施大改形、强拉枝改造技术，加之政府强力干预，实行隔行挖除或隔一行挖一株等间伐形式，获得了良好的改造效果，苹果的产量和质量都得到了比较明显的提升。

3.3.3.3 矮化密植集约技术模式

矮化密植集约是当代果树栽培的重大变革和现代化栽培模式与技术变迁的重要标志之一（吴光林，1979，1984）。我国是采用果树生产性密植最早的国家，在宋代就开始采用密植的种植方法提高浙江温州种橘在平地上的种植水平。据宋代韩彦直撰写的《桔录》（1178年）记载，亩栽110~145株，比苹果密植栽培早600多年（吴光林，1984）。密植栽培模式可分为两种模式——乔化密植栽培模式与矮化密植集约栽培模式。乔化密植栽培模式应用的砧木为乔化类型的砧木，使得苹果树形生长健壮、高大，增加单位面积产量。矮化密植集约栽培模式的特点是选用可使果树致矮的矮化砧木，降低果树生长势和果树营养供给，使得树体变得矮小，同时可以增强光合作用在果树上的分配，从而起到提高产量的作用。

苹果矮化密植集约栽培，需要以矮化栽培作为实施的基础。而矮化栽培，实际上分为三个方面。

第一，品种矮化，即苹果品种选取短枝型品种，如元帅系短枝、富士型短枝或者其他品种的短枝芽变。采用短枝型苹果品种，可以保证树形与树冠控制在人工或者机械便于操作范围，并且改变乔化果园的郁闭现象。我国从20世纪70年代从阿尔巴尼亚、波兰、意大利、美国等国家引入以新红星为主的矮化品种，80年代进行了大量推广。1986~1988年，在全国新红星苹果开发协作组的努力下，至1988年底，已栽种新红星苹果57万亩，占全国苹果种植总面积的5.08%。具体栽培面积如表3-4所示。

表3-4 1988年底全国新红星苹果栽种面积及株数

项目	山东	河北	河南	山西	陕西	辽宁	甘肃	天津	江苏	宁夏	北京	青海	四川	合计
栽培面积/万亩	26.70	6.00	3.22	3.20	2.55	2.50	2.50	2.50	2.40	0.86	0.41	0.21	0.10	53.15
株数/万株	2400	600	385.6	293	229.5	210	207.5	137.5	130	60	13.75	10.5	0.8	4678.15

资料来源：杨建民和王中英，1993。

根据不同地区土壤条件与水肥条件，我国苹果矮化嫁接品种与矮化组合试验成功的还有金冠、红香蕉、红星、国光以及一些短枝品种。5~6年的苹果矮化密植集约果园产量普遍可达到亩产2500千克以上（邹云贵，1982）。但是从20世纪80年代至今，苹果矮化品种与砧木结合试验研究几乎空白，除了金冠、红星及少量富士品种之外，至2013年底，在生产上能够推广的矮化砧品种几乎没有，矮化试验与苹果品种发展严重脱节（李丙智，2014）。

第二，砧木矮化。我国的矮化密植集约栽培模式是从20世纪50年代开始。1951年，华北农业科学研究所从丹麦引进M系矮化砧，并在安徽砀山、辽宁南部进行矮化试验和研究，之后又由中国农业科学院从保加利亚及东欧、西欧等国家和地区引进了矮化砧，包括MM系、P系、B系、CG系、O系和瑞典的A系等（李丙智，2014），60年代开始在国内开始进行栽种和繁殖，并且在山西、青岛、北京、徐州、郑州、保定等地相继建立了矮生苹果园（贾麟厚，1978）。至1978年矮化研究工作在全国范围大面积展开（孙建设，2008），国内的园艺科研工作者根据国内不同区域的土壤条件与立地条件，也选出了一些适栽的矮化类型，如GM_{256}、SH系等（汪景彦等，2008）。1978~1988年，国内矮化研究比较集中，但由于受到当时的经济发展水平、社会条件和科研条件的限制与约束，虽然有一些关于国外砧木引种和区域试验的研究报告，但并未对我国苹果矮化砧木的发展做出更为准确的判断。80年代之后，国内对于矮化密植集约栽培模式的研究相对比较缺乏，加之矮化苗木资源供给不足，育苗市场不规范等原因，苹果矮化密植集约栽培发展十分缓慢，关于矮化密植集约栽培制度的相关研究几乎空白。取而代之的是在生产上广泛采用了乔化密植栽培模式。

第三，人工矮化。人工矮化主要是对乔化苹果树采用人工矮化技术，包括选择不利于根系生长的土壤及立地条件进行栽培，或者选择旱地栽培、强拉枝技术、刻芽、环剥、环割等技术对苹果树的枝条进行人工矮化作业。在选择树木主干形方面，选用高细长纺锤形等控形技术，控制树高和冠径，便于果树密植栽培和果树修剪，实现缓势促花早结果，达到优质丰产目的。

3.4 中国苹果矮化密植栽培模式基本情况

3.4.1 种植面积

根据苹果产业体系各试验站核心辐射区统计数据显示，至2014年底，我国采用矮化密植栽培模式的苹果种植区域主要分布在环渤海湾优势区的胶东半岛，泰沂山区，燕山、太行山浅山丘陵区，以及黄土高原优势区的陕西关中地区、渭北高原地区、河南三门峡地区。从种植面积的分布来看，胶东半岛和泰沂山区的矮砧密植苹果栽培面积共为35.47万亩，燕山、太行山浅山丘陵区的矮砧密植苹果栽培面积为16.07万亩，渭北高原地区矮砧密植苹果栽培面积为9.66万亩，河南三门峡地区的矮砧密植苹果栽培面积为13万亩。平均占当地苹果种植总面积的10%～12%。较去年种植面积有所增加，但占总的苹果种植面积的比例仍然较低。目前矮砧栽培果园中幼园所占比例较大，为40%～90%，其中约有20%的幼园为各试验站与农技推广部门的试验示范园。矮砧栽培的挂果园比例各地分布不均，山东省的青岛地区与泰安地区矮砧挂果园所占比例较高，分别为67%与64%。两地分别于1978年和1973年开始推广矮砧密植栽培模式，推广时间较早，取得效果也较为明显。其他试验站所涵盖地区技术推广起步较晚，大多介于2000年前后，幼园所占比例较大，平均占比居于50%～90%。

而美国、欧洲、韩国等苹果栽培与生产大国和地区，使用矮化栽培面积达到国内总栽培面积的70%～85%。对于苹果矮化密植集约栽培模式的研究，也主要集中在20世纪70～80年代。1982年以后的相关研究基本为空白状态（韩明玉，2010；孙建设，2008）。在种植面积扩张方面，直至1987年，我国发展的矮化苹果面积仅15.25万亩，占全国苹果栽培总面积的0.7%；1992年，全国矮化苹果栽培面积120万亩，占全国苹果栽培总面积的4.2%；2006年，全国矮化苹果栽培面积124.5万亩，占全国苹果栽培总面积的4%；2009年全国矮化砧苹果面积为248.44万亩，占当年全国苹果总面积的8.01%（图3-5，图3-6）。在苹果主产省份之中，陕西矮化砧苹果种植面积最大，为125.35万亩，其次分别为山东和河南。从矮化砧使用面积占苹果栽培总面积的比例看，也是陕西比例最高，为14.79%；其次分别为河南的12.6%，山东的8.16%；再次是辽宁、河

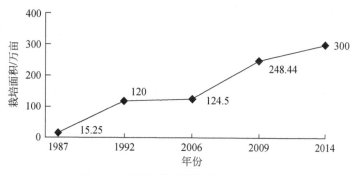

图3-5 中国矮化苹果栽培面积波动图

北等地。至 2014 年，根据国家现代苹果产业技术体系评估，全国矮化苹果栽培面积约为 300 万亩，占全国苹果栽培总面积的 10% 左右（李丙智，2014）。

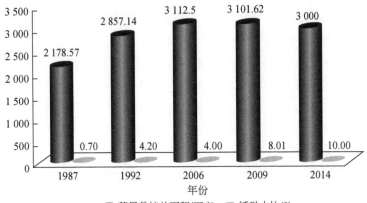

图 3-6　中国矮化苹果栽培面积比例图

3.4.2　砧木类型及应用方式

我国的矮砧密植栽培模式是从 20 世纪 50 年代开始。1951 年，华北农业科学研究所从丹麦引进 M 系矮化砧木，并在安徽砀山、辽宁南部进行矮砧试验和研究，以后又由中国农业科学院从保加利亚、东欧、西欧等国家和地区引进了矮化砧木，包括 MM 系、P 系、B 系、CG 系、O 系和瑞典的 A 系等。60 年代开始在国内开始进行栽种和繁殖，并且在山西、青岛、北京、徐州、郑州、保定等地相继建立了矮生苹果园。到 1978 年矮砧研究工作在全国范围大面积展开，国内的园艺科研工作者根据国内不同区域的土壤条件与立地条件，也选出了一些适宜栽培的矮砧类型，如 GM_{256} 系、SH 系等。

我国矮砧密植栽培广泛应用的砧木类型主要为三个品种：M 系的 M_{26}、M_9、MM_{106}，以及 SH 系与 GM_{256}[①]。目前，我国苹果矮化密植集约栽培过程中，应用最多的矮化砧木为 M_{26}，占矮化苹果种植总面积的 82.81%；其次为 SH 系，占矮化苹果种植总面积的 6.46%；再次为 M_{256}，占矮化苹果种植总面积的 4.89%；其他各种矮化砧木占矮化苹果种植总面积的 5.84%（李丙智，2014）。环渤海湾地区的胶东半岛、泰沂山区，黄土高原区的陕西关中地区、

---

① 根据国家现代苹果产业技术体系苹果产业经济研究室于 2014 年 11～12 月对全国 7 个苹果主产省及 25 个苹果体系试验站调研数据整理而得。

渭北高原地区及河南三门峡地区主要应用的矮砧砧木为 M_{26}，环渤海湾地区的太行山浅山丘陵区的砧木应用类型为 SH 系，燕山地区的砧木类型为 GM_{256}。但三种类型的砧木在不同区域均不同程度表现出不耐寒、不耐旱等问题，砧木的区域适应性还有待提高。

矮砧接穗的品种主要集中在普通富士、长富 2 号、嘎啦与玉华等苹果品种，接穗品种为短枝富士的双矮模式应用较少。矮砧砧木应用方式主要为中间砧，占比为 80% 以上，自根砧极少，比例不到 10%。基砧中以八棱海棠为主要基砧应用品种，占比为 80% ~ 90%，其他为山定子与野苹果。矮砧种植树形的修剪类型以自由纺锤形、细纺锤形为主[①]。

3.4.3　机械推广应用

矮砧密植栽培技术是劳动节约型技术，是以专业机械技术的使用来替代传统劳动投入的一种新型栽培技术。目前我国苹果栽培中的应用机械种类主要为三轮车、拖拉机、打药机等少量传统种类[①]。近十年内，开发推广的旋耕机、割草机等专业机械逐步得到应用，但应用范围与推广台数都非常有限。能够有效替代劳动投入的喷药弥雾机、施肥开沟机、修剪机、摘果机等专业应用机械与果园管理平台基本属于空白。究其原因主要为三个方面：一是专业机械自主知识产权研发能力有限，大部分为仿制或模仿国外同类型果园机械；二是专业机械研发周期长，果园作业应用过程中的适应性不高；三是国产的果园机械的产品质量较国外进口机械质量差，机械返修率高，果农接受意愿低。

3.4.4　物质投入

物质投入包括果园管理过程中的化肥投入、农家肥投入、灌溉投入、农药投入、劳动力投入等几方面。根据体系各试验站反馈数据对比分析来看，目前矮砧密植果园与乔砧密植果园在化肥投入、农家肥投入、灌溉用水量、农药投入等农艺环节差异不明显。一方面，在劳动力投入方面，矮砧果园在幼园期劳动力投入较高，进入丰产期之后劳动力投入有所下降，但下降数量不显著。这主要原因是幼园期矮砧果园植株数量多、修剪量大，劳动力投入反而增加；丰产期后因矮砧栽培果树的树高较低，分支少，修剪量则有所减少，但由于矮砧植株成花量多，丰产期需要投入的疏花或者疏果的劳动量并未有显著减少。另一方面，矮砧密植果园建园时需要搭建立架、铺设节水灌溉设施、搭建围栏等，在原材料投入与立架搭建的人工投入方面，都有较大资金需求。以辽宁省葫芦岛综合试验站的矮砧示范园的建园成本为例，新建果园搭建立架的材料成本、人工成本、节水灌溉设备成本、机械设备成本等物质投入成本平均为 6599 元/亩[①]。其他试验站矮砧示范园的建园成本也与此基本持平。总体而言，现阶段矮砧密植果园与乔砧密植果园在物质投入方面并没有显著优势。

3.5　中国苹果矮化密植集约栽培制度存在的问题

3.5.1　配套省力化机械缺乏

国内矮化密植集约配套机械及操作规范缺乏，省力化栽培问题突出。矮化苹果具有根系分布较浅、单位面积栽种密度大、肥水需求量大等特点，要求比较好的肥水条件才能保证矮化技术优势的发挥。需要在栽植、中耕、施肥、病虫害防治和套袋、摘果等环节运用省力化机械及科学规范的管理操作技术的支持。所以，在目前配套机械缺乏的情况下，要发展矮化密植集约技术，势必要使用人力替代以克服省力化机械与技术缺乏造成的困境。但随着我国工业化和城市化的推进与发展，农村劳动力缺乏、老化，劳动力价格的提高已不可避免。近年来劳动力投入成本已成为苹果种植成本结构中最主要的构成成分，成为制约苹果种植又一主要的瓶颈。以 2003 年联合国专项调查数据表明，我国苹果园用工量属于较多国家范围，每年每亩用工在 200 个劳动力以上，而发达国家仅 30～50 个。

3.5.2　苗木市场混乱

苗木是建园的基础，苗木质量是建园成败的关键。在苗木供给状况与苗木质量方面，国外的矮化密植集约果园发展大多选择 3 年生大苗，苗木质量高，标准统一。在我国，果农为了节省费用，多选用 2 年生独干苗木，苗木质量标准较低，繁殖手段及繁殖规程控制不严，苗木规格比较混乱，质量良莠不齐，市场供给短缺，苗木市场混乱。加之矮化苗木市场价格偏高，农户接受意愿低，在很大程度影响了新建果园的幼树成活、生产与果园建设水平。

---

①　根据国家现代苹果产业技术体系苹果产业经济研究室于 2014 年 11～12 月对辽宁省葫芦岛试验站及熊岳试验站调研数据整理所得。

3.5.3　砧木适应能力有待提高

目前各主产区矮化密植集约示范园采用矮化密植集约砧木多为 M_{26}，占矮化苹果砧木的 82.81%，其次是 SH 系，占 6.46%，其他各种砧木仅占 5.84%。品种较为单一。这些砧木基本上采用矮化中间砧，自根砧很少。由于我国苹果种植面积分布较广，立地条件较为复杂，并没有推出适应根据当地不同立地条件的特色矮化砧木，客观上限制了矮化密植集约技术的大面积推广。

3.5.4　肥水调控管理水平低

矮化密植集约果园由于单位面积上株数较多，根系密度大，单位面积内枝叶较多，产量高，所以单位面积内需肥量较多，对土壤养分要求也较高。矮密果园蒸腾耗水量与需肥量一样，随着栽植密度的增加而增加。国外生产者更加重视土壤环境与科学施肥。在肥水管理上，采用滴灌、肥水一体化，基础设施先进，在促花等果园管理技术上都做到了有效调控。同时，为及时更新结果树体和修复土壤环境，他们大大缩短果园寿命，苹果园寿命一般在 15～20 年，不超过 20 年就更新一次。在此期间利用果园生草技术和土壤改良技术，解决果园重茬问题，连作障碍得到了很好的解决。

国内果园水平参差不齐，管理比较粗放，不能做到科学合理施肥、缺乏现代设施灌溉和精细化管理，没有科学、细化的参考标准。以凤翔苹果专家大院为例，就现实生产情况来看，农家肥与腐殖质酸肥使用量的增加可显著提高苹果产量与品质。但近年农资市场价格波动剧烈，风险加大，肥料价格持续走高，农资投入成本以每年约 20% 速度上涨，最优施肥用量尚不明确，但就目前来看苹果产量与施肥量成正比关系，而农民在增加施肥量方面态度谨慎，不愿增加投入。

3.6　中国苹果栽培制度发展趋势

世界苹果栽培与制度的变迁说明了苹果的栽培技术进步的方向已经表现出资本替代劳动、现代生产要素投入替代传统生产要素投入的典型特征。苹果栽培技术的演变已经上升到栽培制度的变迁与发展。这也符合 20 世纪 60 年代中期 Bhalla 和 Khaan（1979）对绿色革命中的矮化栽培技术的经济性质的概况。这些学者将矮化栽培技术的经济性质概括为 4 个方面：显著的技术进步、密集的资本投入、要素生产率的提高以及漫长的技术转型过程。这也说明了中国的苹果矮化密植集约栽培模式的应用和推广在要素市场不健全、资本要素投入不足、劳动替代适应性机械研发欠缺等情况下，必将面临一个极为漫长的技术进步与接受过程，矮化密植集约栽培模式与乔化密植栽培模式在一定的时间和空间中将同时并存。

我国从 20 世纪 50 年代引进苹果矮化密植集约栽培制度发展至今，已经历经了 70 多年的发展历程，但技术推广仍然进展缓慢。由于我国多数苹果栽种与建园所处立地条件差异较大，部分果园立地条件差，有些果园甚至没有灌溉设施，加之果农普遍受教育程度与技术水平不高，经济基础薄弱。而矮化密植集约栽培模式在水肥条件保障、物资资本投入、人力资本投入、机械使用、苗木成本投入、标准化生产、果园管理技术等方面都有较高的要求。截至目前，矮化密植集约栽培模式仍未成为我国苹果栽培的主要方式。因此，我国将在一段时间内，维持乔化密植栽培模式与矮化密植集约栽培模式并存的局面。

但随着我国农业产业发展的逐步升级、资本要素投入增加，以及土地耕种面积减少和农村劳动力成本逐年升高、苹果矮化砧木品种增加和管理技术的日益成熟，乔化密植栽培模式的栽植面积比例将会有所下降。在今后的 5～10 年，我国苹果种植将处于大规模更新换代阶段，全国每年将有更新或新建果园 200 万亩以上，对于新建果园栽培技术，包括种植技术、苗木、设施等方面的选择，则变得非常迫切。

3.7　本章小结

在世界范围内，苹果矮化砧木的研究与利用已经经历了近百年的历史，不同国家和不同地区在苹果矮化砧木的研究方面都经历了不同的过程。苹果的栽培制度对于苹果的栽培和生产起着非常重要的作用。最近 30 多年，世界的苹果栽培制度发生了深刻的变化，其栽培制度已经基本完成了从乔化稀植—乔化密植—矮化密植集约模式的变迁过程。世界苹果产业发达国家已基本完成矮化密植集约栽培方式的转变，苹果矮化密植集约栽培模式已成为世界主要苹果种植国普遍采用的栽培技术。然而，经过近 70 年的创新与推广，我国矮化砧果园面积仅占到全国苹果种植总面积的 10% 左右，发展进程缓慢。截至目前，矮化密植集约栽培模式仍未成为我国苹果栽培的主要方式，我国将在一段时间内，继续维持乔化密植栽培模式与矮化密植集约栽培模式并存的局面。在今后的 5～10 年，我国苹果种植将处于大规模更新换代阶段，新的苹果栽培技术与制度的完善、建立、适应与大面积应用将变得非常迫切。

新的栽培制度的安排必然要体现在微观农户对新技术的接纳与采用上面，而矮化密植集约栽培制度的建立以及与之相对应的苹果矮化密植集约栽培技术的应用及推广在目前的苹果种植效率与效益并不明确。因此有必要从技术的生产函数、要素的投入结构与配置效率、技术的选择、苹果生产的成本收益、栽培技术的应用效率等视角，对苹果矮化密植集约栽培制度的技术效率与效益进行技术经济评价，进而对乔化密植栽培模式（传统栽培方式）与矮化密植集约栽培模式（现代栽培模式）在种植区域与种植规模层面进行对比分析，用以评价与揭示中国苹果栽培制度变迁的规律与方向。

第4章
不同栽培模式对投入品需求的影响

4.1 引　言

在经济转型与发展的过程中，政府本身既是农业要素市场和农产品市场的塑造者又是参与者和监管者。在示范效应的影响下，政府农技推广部门常常扮演着农业技术推销者的角色，而这种行为在农业技术推广过程中往往会从正反两个方面不同程度地产生双向影响，其最终结果则取决于所推销技术本身的有效性（聂辉华，2012）。绿色革命以来，矮化栽培已成为发达国家农业栽培制度的核心内容。以美国为代表的规模型农业和以日本为代表的精细密集农业两种现代农业的发展过程均表明，以密集投入现代要素为特点的矮化栽培制度不仅适用于小麦、水稻等一年生作物，而且在苹果、梨等多年生园艺作物生产中的推广应用也表现出良好发展趋势。

本章研究中的矮化密植集约栽培模式是指利用砧木嫁接、修剪技术、控制根系等各种致矮技术措施，促进果树等作物矮化，并进行密植栽培的技术模式。与传统的乔化栽培模式不同，矮化密植集约栽培模式既是一种新型果园栽培的技术集成模式，也是一种新型果园管理技术规范。该模式的突出特征是，有利于提早结果，增加产量，改善品质（马宝焜等，2010），减少传统要素投入，以及提高土地利用率（邵砾群等，2014）。

学术界关于一年生农作物的矮化和半矮化品种发展的态势及绩效研究较多。林毅夫（2000）研究表明，20世纪70年代末矮化和半矮化水稻品种已占到中国水稻播种面积的80%以上，为增加农民收入和保障国家粮食安全做出重要贡献。陈庆根等（2002）研究表明，超级稻比普通水稻产量高出2倍，而且用工投入显著减少。范存慧（2005）关于Bt抗虫棉栽培经济效益的研究表明，Bt抗虫棉能够提高棉花产量，而且减少农药与劳动投入，对增加农民收入和环境改善都具有正向效应。康苏花（2009）研究表明，小麦株高是影响小麦产量的重要因子之一，小麦产量的大幅度提高依赖于矮化品种。Barker 和 Herdt（1985）对小麦种植矮化与半矮化栽培模式与传统栽培模式进行比较研究发现，矮化与半矮化栽培模式具有显著的产量优势。在农业技术进步的经济性及其相关研究方面，He 等（1984a，1987）通过研究一年生作物矮化栽培技术的经济性质，发现相对传统水稻栽培技术模式而言，杂交水稻具有显著的产量优势，而且更低的种子投入率有助于降低耕作环节对劳动和畜力的要求。李谷成（2009）研究认为，农业前沿技术进步对农业生产率提高具有较为明显的贡献。陈书章等（2013）的研究认为，小麦的技术进步是非中性的，因为生产要素之间的替代关系和补偿关系并存。可见，学术界关于多年生果树矮化栽培技术的经济效果方面的研究相对较少。

在中国，苹果矮化密植集约栽培模式已经历经近 70 年的推广与发展，但未能成为我国苹果生产的主要栽培模式。这是由于农业要素市场发育滞后环境中，要素稀缺诱致性规律难以有效发挥作用，进而导致苹果种植户的技术选择行为扭曲？是由于政府主导的农业技术推广系统的政策导向，背离了市场规律及苹果种植户的技术需求偏好？还是由于苹果矮化密植集约栽培模式在效率及效益方面缺乏比较优势，苹果种植户难以接受？这些都是值得深入研究的重要问题。为此，本章以苹果为例，通过构建要素需求模型，并对比分析矮化和乔化两种苹果栽培模式对投入品需求的影响，进而研究苹果矮化密植集约栽培模式推广的经济效果，为政府改进相关政策，促进优势产区苹果矮化密植集约栽培模式的应用与推广提供理论依据。

4.2　要素需求分析及需求函数

4.2.1　不同栽培技术对要素的需求分析

Bhalla 和 Khan（1979）将始于 20 世纪 60 年代中期的绿色革命的矮化栽培技术的经济性质概括为四个方面：第一方面是显著的技术进步；第二方面是密集的资本投入；第三方面是要素的生产率提高；第四方面是存在漫长的技术转型期，即传统技术与现代技术并存的转型时期。其中第一方面、第三方面与生产要素密集投入所引起的劳动节约技术变化情况相一致。

具体而言，在价格给定的条件下，矮化栽培技术的引入，将导致更高的资本—劳动比率（图 4-1）。图 4-1 中 f_1 和 f_2 分别描述了乔化栽培模式和矮化密植集约栽培模式的生产函数。令 k 为资本和土地的比例，在给定的劳动素质和数量情形下，f_j为技术j的单位土地产出。当技术仅由传统要素单独构成时，生产者的生产要素配置组合点为 A（即生产者在 A 点进行生产），相应的资本—土地比例为k_0，资本报酬率或资本的边际生产为$r_0=f_1'(k_0)$。当引进矮化密植集约栽培技术f_2时，为生产要素重新组合与配置提供了可能性。在单位资本租金率r_0时资本供给具有完全弹性，生产者的生产要素配置组合点转移到 M（即生产者在 M 点进行生产），此时资本报酬率或资本的边际生产为$r_0=f_2'(k_2)$，并且 M 点的土地报酬比在 A 点时更高。在这种情况下，没有传统栽培技术与矮化栽培技术并存的空间，即传统栽培技术应当消失。

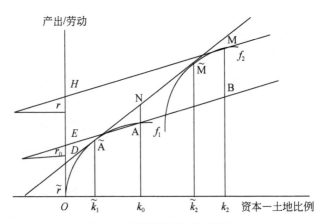

图 4-1　资源约束与技术选择

在转型时期，技术共存的现象说明，在当前，资本供给不具有完全弹性，矮化栽培技术的充分实施所需要的资本处于短缺状态。在初始状态下，资本—土地的比例为k_0。给定k_0意味着由于传统栽培技术生产了更高的产量，传统栽培技术将优于矮化栽培技术。然而新的投入要素尤其是稀缺要素的引入有可能使两种栽培技术获得更高的产量。由于这样一个配置是最优的，它会对两种栽培技术产生相等的资本边际生产率；否则一些生产者将可以通过在不同栽培技术之间进行资本的再配置进而获得收益。最优配置在图中体现为两个生产函数相切于点 Ã 和 M̃ 的切线，其斜率为$\tilde{r}=f_2'(\tilde{k}_j)$，其中$j=1$，2。资本—土地比例$k_0$的平均产量现在由点 N 给出，它优于在点 A 时的产量。

要使配置到矮化栽培技术上的土地份额增加，则需要提高可获得的资本—土地比例。资本由于矮化栽培技术的出现而增加，这引起资本报酬率从r_0提高到r，由此吸引资本。

4.2.2 不同栽培技术的要素需求模型

考察、分析一个 N 种生产要素投入（如土地、劳动力、农机、肥料、农药）生产苹果的苹果种植户，其成本边界可利用下列函数来表述：

$$p'x = c(p, q^*, e) \tag{4-1}$$

式中，p 为投入品价格向量；x 为可变投入和固定投入向量；q^* 为矮化密植集约栽培技术模式或乔化栽培技术模式的预期产量水平；e 为苹果种植户的要素禀赋、苹果种植户特征、果园所处的市场环境向量。

预期产量水平与下列因素有关：可变投入 x；技术投入 d（即矮化密植集约栽培技术模式或乔化栽培技术模式）；苹果种植户的要素禀赋及其家庭特征 e。预期产量水平 q^* 表达为

$$q^* = f(x \mid d, e) \tag{4-2}$$

根据谢泼德引理（Shephard's lemma），成本函数可转化为

$$x_i = \partial c(p, q^*, e)/\partial p_i \tag{4-3}$$

和可变投入的显需求函数：

$$x_i = g_i(p, d, e) \tag{4-4}$$

如果 $\partial x_i/\partial p_j > 0 (i \neq j)$，那么 x_i 和 x_j 之间存在替代关系；相反 $\partial x_i/\partial p_j < 0 (i \neq j)$，则这两种投入要素之间存在互补关系。总效应通常大于净效应，且不对称。

假定式（4.4）具有如下形式：

$$X_{it} = \alpha_0 + \alpha_1 C_{1it} + \cdots + \alpha_7 C_{7it} + \alpha_8 D_{1it} + \alpha_9 D_{2it} + \alpha_{10} P_{1it} + \cdots + \alpha_{13} P_{4it}$$
$$+ \alpha_{14} E_{1it} + \cdots + \alpha_{16} E_{3it} + \alpha_{17} H_{1it} + \cdots + \alpha_{29} H_{3it} + \mu_{it} \tag{4-5}$$

其中，因变量 X 为每亩投入使用量水平的对数，包括劳动力使用量、化肥使用量、机械总价值；α_i 为待估计的参数；$C_1 \sim C_7$ 为省域虚拟变量，代表一些省域特征，如地形、地貌、无霜期、气温、降水等经济学家不可观测但影响要素需求的因素；D_1 和 D_2 为技术虚拟变量，表示矮化密植集约栽培技术模式和乔化栽培模式；根据技术虚拟变量系数的符号和显著性，可以推断矮化密植集约栽培技术模式对要素投入使用水平的影响；$P_1 \sim P_4$ 为价格变量，包括工资、土地价格、化肥价格、农机租金，这些变量用于表征经济环境；投入的自身价格系数预计为负；$H_1 \sim H_3$ 为苹果种植的家庭特征，包括户主受教育年限、年龄及组织参与状况；$E_1 \sim E_2$ 苹果种植户的资源禀赋，其中 E_1 是苹果种植户经营的土地规模，将其引入是为了估计农地规模对投入使用的影响；E_2 是苹果种植户的家庭劳动力—土地比例，用于测度苹果种植户家庭劳动力的充裕程度；E_3 是资

本—土地比例，资本是指苹果种植户拥有的农用机械的总存量价值。不同类型的农用资本品具有不同的技术性质，即有些是劳动的替代品，而有些是劳动的互补品。估计资本禀赋对要素使用影响的可行方法是在回归中引入各类农用机械的虚拟变量。式（4-5）中最后一项 μ 是残差项。在回归分析中，除虚拟变量外，所有独立变量均为取对数形式。

4.3　不同栽培模式要素投入的描述性统计

4.3.1　样本来源与抽样方法

本章采用的研究资料来源于国家苹果产业研究室团队成员 2012 年 3～6 月，对全国 2 个苹果优势区、7 个苹果主产省的农户入户调查和村级问卷调查资料。具体包括黄土高原优势区和环渤海优势区的陕西省、甘肃省、山西省、河南省、河北省、山东省、辽宁省 7 个主要苹果主产省份。以样本村和苹果种植农户为调查对象，采用问卷和入户访谈方式。样本数据的获得，依据农业部《苹果优势区域布局规划》所涉及的 122 个苹果基地县市作为总体，采用优势区苹果种植农户为典型抽样样本，设计调研方案。抽样采用层次抽样、典型抽样和概率比例抽样相结合的方法。第一层次抽样由全国 4 个苹果生产区抽取黄土高原优势区和环渤海优势区 2 个优生区为一级典型样本单元。第二层次抽样依据概率比例抽样方法，抽到苹果基地县市作为样本单元：环渤海湾优势区包含 53 个苹果基地县市，其中山东省 25 个，河北省 14 个，辽宁省 14 个，抽取了山东省的栖霞市和蓬莱市，辽宁省的瓦房店市和绥中县，河北省的顺平县、辛集市、昌黎县等 7 个县市为二级样本单元；黄土高原优势区包括 69 个苹果重点县市，其中陕西省 28 个，山西省 20 个，甘肃省 18 个，河南省 3 个，抽取了陕西省的洛川县、白水县和凤翔县，山西省的临猗县和万荣县，甘肃省的天水市和静宁县，河南省的三门峡市等 8 个县市为二级样本单元；合计 15 个县市作为二级样本单元。第三层次抽样依然按照 PPS 抽样方法，在每个样本县市抽取 3 个乡作为三级样本单元。第四层次抽样在每个样本乡抽取 3 个村作为四级样本单元。第五层次抽样，在每个样本村按照简单随机抽样方法随机选择 5 个农户为五级样本单元，进行入户调查。本次调查共实地调查及访谈 635 个样本苹果种植户，其中有效样本 612 个，样本有效率为 96.38%。受访对象的样本地域分布如表 4-1 所示。

表 4-1　调查样本地域分布情况

项目	环渤海湾优势区				黄土高原优势区		
地域	河南省	山东省	辽宁省	河北省	陕西省	甘肃省	山西省
样本数	86	85	89	87	89	89	87
样本占比/%	14.05	13.89	14.54	14.22	14.54	14.54	14.22

4.3.2　样本苹果种植户特征

从表 4-2 可以看出，样本苹果种植户具有三方面的特征：一是苹果生产仍然以小规模为主，其中种植面积在 8 亩以下（含 8 亩）的苹果种植户数量占总样本量的 56.21%；8～20 亩（含 20 亩）的样本数占总样本量的 39.38%。二是在调研样本中，从事苹果生产的农村劳动力呈现老龄化特征。受访对象中，苹果种植户户主的平均年龄为 50.61 岁，其他从事苹果生产的劳动力平均年龄为 46.38 岁，老龄化特征明显。三是《中华人民共和国农民专业合作社法》（2007 年）颁布以来，果农专业合作社数量增长迅速。在调查的苹果种植样本户中，有 40.00% 的苹果种植户加入了果业专业合作社，呈快速上升趋势。

表 4-2　样本农户基本特征统计

项目	指标	样本数/户	占总样本的比例/%
果园面积	8 亩以下（含 8 亩）	344	56.21
	8～20 亩（含 20 亩）	241	39.38
	20 亩以上	27	4.41
从事苹果生产的劳动力	2 人以下	46	7.52
	2～4 人	525	85.78
	5 人以上	41	6.70
户主年龄	40 岁以下	59	9.64
	40～60 岁	433	70.75
	60 岁以上	120	19.61
户主受教育程度	没上学	14	2.29
	小学	107	17.48
	初中	348	56.86
	高中/中专	138	22.55
	大专及以上	5	0.82
合作社成员	参加果业合作社	254	41.50

4.3.3 农户要素亩均投入水平

表 4-3 报告了总样本中矮化密植集约栽培模式和乔化栽培模式对劳动、机械、化肥、农家肥、农药的使用水平，其中机械、化肥、农药属于现代投入，劳动、农家肥属于传统投入。

根据表 4-3 中报告的内容判断，2009~2011 年矮化密植集约栽培模式对劳动的需求低于乔化栽培模式，即矮化密植集约栽培具有显著的劳动节约效应，但对机械、化肥等现代投入要素的使用量高于乔化栽培。当然，要素投入结构及使用水平是苹果种植户自身的选择变量。除栽培技术性质外，苹果种植户的最优投入水平还取决于要素价格、农户禀赋和农户家庭特征，以及其他特殊的地区因素，如气温和地貌等。分析栽培技术对要素投入影响的适当方法是将其他变量的影响分离出来的回归分析。

表 4-3　要素投入均值

项目		矮化栽培（$N=104$）			乔化栽培（$N=486$）		
		2009 年	2010 年	2011 年	2009 年	2010 年	2011 年
劳动/工日		49.36	49.38	34.16	55.17	68.95	34.94
机械/元		2 047.52	2 078.55	2 153.54	1 621.56	1 624.50	1 705.70
化肥	氮肥/千克	47.88	49.03	52.88	41.07	42.72	46.17
	磷肥/千克	32.99	34.53	37.38	27.45	28.87	31.63
	钾肥/千克	34.84	36.67	39.53	31.58	33.63	36.32
农家肥/千克		1 918.51	2 043.36	2 168.57	1 664.48	1 518.05	1 696.04
农药/元		349.24	378.87	414.83	321.70	351.54	418.26

注：N 为样本数量。表 4-3 中样本苹果种植户总数为 590 个，其他 22 个样本苹果种植户采用的是短枝型品种。

4.4　要素需求函数的经验估计

本章所采用的数据是 2009~2011 年的短面板数据，其优点为：一是可以解决遗漏变量问题；二是可以提供更多个体动态行为信息；三是样本容量较大进而使得估计结果更加稳健。本研究使用 Stata 12.0 软件对式（4.5）分别进行混合回归模型、固定效应模型和随机效应模型适应性检验，检验结果如表 4-4 所示。F 检验结果表明，固定效应模型好于混合 OLS 方法；LM 检验结果表明，随机效应模型好于混合 OLS 方法；Hausman 检验结果表明，随机效应模型好于固定效应模型。因此，本章采用随机效应模型的估计结果进行实证分析。此外，从估计量的无偏性和随机误差来看，随机效应模型的 MLE 和广义最小二乘法（GLS）估计量是满足渐近无偏的，因而是等价的。估计量 GLS 对误差项分布的要求没有估计量 MLE 的要求严格，并在随机效应模型的回归分析中得到更广泛的应用。因此，本章采用 GLS 方法进行估计。四种投入要素的（GLS）估计结果在表 4-5 ~ 表 4-8 中给出。

表 4-4　模型适应性检验

估计方法	检验方法	检验结果
混合 OLS—固定效应	F 检验：$F(20，1265) = 14.15$；Prob>$F = 0.0000$	固定效应模型优于混合 OLS 方法
混合 OLS—随机效应	LM 检验：Chi2（11）= 255.59；Prob>$\chi^2 = 0.0000$	随机效应模型优于混合 OLS 方法
固定效应—随机效应	Hausman 检验：Chi2（5）= 16.39；Prob>$\chi^2 = 0.5426$	随机效应模型优于固定效应模型

表 4-5　对劳动力需求的回归结果

变量名	代码	系数	标准误	Z 值	p 值
常数项	Con	3.650 ***	0.549	6.65	0.000
是否为甘肃省	C_2	0.188 **	0.096	1.95	0.051
是否为山东省	C_3	0.364 ***	0.088	4.15	0.000
是否为辽宁省	C_4	0.117	0.087	1.35	0.176
是否为山西省	C_5	−0.064	0.086	−0.75	0.456
是否为河南省	C_6	−0.010	0.091	−0.12	0.908
是否为河北省	C_7	0.031	0.090	0.34	0.734
是否为矮化栽培	D	−0.072 **	0.025	−2.88	0.005
ln 工人工资	P_1	−0.287 ***	0.052	−5.56	0.000
ln 土地价格	P_2	−0.021	0.022	−0.96	0.340
ln 机械价格	P_3	0.105 ***	0.023	4.50	0.000
ln 化肥价格	P_4	0.041	0.046	0.88	0.377
ln 受教育年限	H_1	−0.018	0.033	−0.55	0.581
ln 年龄	H_2	0.243 **	0.107	2.28	0.023
加入合作社虚拟变量	H_3	0.119 ***	0.046	2.60	0.009
ln 土地持有量	E_1	−0.395 ***	0.080	−4.97	0.000

变量名	代码	系数	标准误	Z 值	p 值
ln 家庭劳动力/土地持有量	E_2	0.025	0.072	0.34	0.731
ln 资本存量/土地持有量	E_3	−0.060**	0.027	−2.22	0.027
Wald Chi2 (17)		313.91			
Prob>Chi2		0.0000			
Rho		0.9942			

*** 、** 、* 分别表示估计系数在 1%、5% 和 10% 的统计水平上显著。

表 4-6   对农家肥需求的回归结果

变量名	代码	系数	标准误	Z 值	p 值
常数项	Con	3.655**	1.780	2.05	0.040
是否为甘肃省	C_2	1.101***	0.354	3.11	0.002
是否为山东省	C_3	−0.453	0.325	−1.39	0.163
是否为辽宁省	C_4	0.934***	0.321	2.91	0.004
是否为山西省	C_5	0.008	0.319	0.02	0.980
是否为河南省	C_6	0.804**	0.339	2.37	0.018
是否为河北省	C_7	0.908***	0.341	2.66	0.008
是否为矮化栽培	D	0.027***	0.009	3.01	0.001
ln 工人工资	P_1	0.088	0.080	1.10	0.273
ln 土地价格	P_2	−0.042	0.082	−0.52	0.605
ln 机械价格	P_3	0.103	0.076	1.35	0.178
ln 化肥价格	P_4	0.161*	0.087	1.86	0.064
ln 受教育年限	H_1	−0.014	0.132	−0.10	0.918
ln 年龄	H_2	0.461	0.388	1.19	0.235
加入合作社虚拟变量	H_3	0.339**	0.173	1.96	0.050
ln 土地持有量	E_1	−0.354	0.291	−1.22	0.224
ln 家庭劳动力/土地持有量	E_2	−0.104	0.276	−0.38	0.706
ln 资本存量/土地持有量	E_3	0.148**	0.060	2.47	0.014
Wald Chi2 (17)		97.09			
Prob>Chi2		0.0000			
Rho		0.9375			

*** 、** 、* 分别表示估计系数在 1%、5% 和 10% 的统计水平上显著。

表 4-7 对机械需求的回归结果

变量名	代码	系数	标准误	Z 值	p 值
常数项	Con	5.512 ***	0.733	7.52	0.000
是否为甘肃省	C_2	0.577 ***	0.176	3.27	0.001
是否为山东省	C_3	0.117	0.164	0.71	0.476
是否为辽宁省	C_4	0.096	0.162	0.59	0.552
是否为山西省	C_5	−0.213	0.160	−1.33	0.184
是否为河南省	C_6	0.190	0.168	1.13	0.257
是否为河北省	C_7	0.551 ***	0.166	3.31	0.001
是否为矮化栽培	D	0.039 ***	0.104	2.97	0.001
ln 工人工资	P_1	0.041 *	0.022	1.91	0.056
ln 土地价格	P_2	0.417 ***	0.037	11.25	0.000
ln 机械价格	P_3	0.066	0.052	1.26	0.209
ln 化肥价格	P_4	0.009	0.021	0.44	0.661
ln 受教育年限	H_1	0.017	0.061	0.29	0.775
ln 年龄	H_2	−0.086	0.169	−0.51	0.611
加入合作社虚拟变量	H_3	0.001	0.087	0.02	0.988
ln 土地持有量	E_1	0.458 ***	0.141	3.25	0.001
ln 家庭劳动力/土地持有量	E_2	0.078	0.137	0.57	0.569
ln 资本存量/土地持有量	E_3	0.053 ***	0.015	3.58	0.000
Wald Chi2 (17)		273.60			
Prob>Chi2		0.0000			
rho		0.9874			

*** 、 ** 、 * 分别表示估计系数在 1%、5% 和 10% 的统计水平上显著。

表 4-8 对化肥需求的回归结果

变量名	代码	系数	标准误	Z 值	p 值
常数项	Con	−1.127 ***	0.403	−2.80	0.005
是否为甘肃省	C_2	−0.169 **	0.078	−2.16	0.031
是否为山东省	C_3	−0.056	0.072	−0.79	0.432
是否为辽宁省	C_4	−0.130 *	0.071	−1.82	0.069
是否为山西省	C_5	−0.077	0.070	−1.10	0.272
是否为河南省	C_6	−0.082	0.074	−1.12	0.265
是否为河北省	C_7	−0.026	0.074	−0.36	0.720
是否为矮化栽培	D	0.036 ***	0.004	−8.98	0.000
ln 工人工资	P_1	0.266 ***	0.023	11.50	0.000

变量名	代码	系数	标准误	Z 值	p 值
ln 土地价格	P_2	0.006	0.018	0.36	0.717
ln 机械价格	P_3	0.017	0.018	0.94	0.346
ln 化肥价格	P_4	-0.312***	0.979	-3.19	0.001
ln 受教育年限	H_1	0.002	0.027	0.07	0.944
ln 年龄	H_2	0.189**	0.087	2.19	0.029
加入合作社虚拟变量	H_3	0.004	0.038	0.11	0.909
ln 土地持有量	E_1	0.105	0.064	1.64	0.101
ln 家庭劳动力/土地持有量	E_2	0.053	0.060	0.89	0.374
ln 资本存量/土地持有量	E_3	-0.097***	0.017	-5.79	0.000
Wald Chi2 (17)		209.75			
Prob>Chi2		0.0000			
Rho		0.8624			

*** 、** 、* 分别表示估计系数在 1%、5% 和 10% 的统计水平上显著。

从表 4-5 ~ 表 4-8 的回归结果看,由面板数据方差(即各要素的方差)对总方差贡献(rho)似然比检验,拒绝原假设 H_0 的无效假设,说明以面板数据得到的估计量显著优于混合估计量(p<0.05)。采用瓦尔德检验、卡方检验等方法检验,也具有类似的结果,均拒绝模型的无效假设 H_0,表明模型整体拟合较好。

表 4-5 中,矮化密植集约栽培模式虚拟变量的系数为负,且显著异于零,说明与乔化栽培模式相比,矮化密植集约栽培模式单位面积需要的劳动力较少,即单位面积的劳动使用比传统的乔化栽培少 7.00%。估计结果也表明,不同苹果主产区的劳动使用存在明显的区域差异。环渤海湾优势区的山东省、黄土高原区优势区的甘肃省,单位面积投入的劳动力显著高于其他地区。工资率与预期一致,对劳动使用具有显著的负效应。估计结果显示,一个村庄内男性劳动力的工资率增长 100.00% 将导致该村庄从事苹果生产的劳动使用减少 28.70%。其他估计结果显示,机械与劳动是互补关系,土地价格、劳动价格与劳动的投入水平间没有关系。劳动投入水平也受到户主年龄、是否加入合作社对劳动投入有正向影响。苹果园种植规模与劳动投入水平有显著的负效应。农户的资本—土地比率对农户劳动投入有负效应。

表 4-6 中给出了单位面积土地使用农家肥的估计结果。估计结果显示,矮化密植集约栽培模式的虚拟变量为正,估计值显著异于零。这表明,矮化密植集约栽培模式使用农家肥比传统栽培技术要高出 2.70%。与劳动投入类似,

地区虚拟变量的估计系数显示，地区之间在农家肥投入方面存在极大差异。其中，甘肃省作为中国苹果新兴产区，农家肥肥源充足，有效供给量高于环渤海湾优势区的山东、辽宁以及同处于黄土高原优势区的陕西。而化肥价格的估计系数显示，化肥投入与农家肥投入呈互补关系，这一结果与何浩然等（2006）的研究相一致。此外，农家肥投入的估计结果还说明，是否加入合作社及苹果种植户的资本—土地比率对苹果种植户农家肥投入有正向影响。而户主年龄、个人特征、苹果园经营规模对苹果种植户农家肥投入没有影响。

表4-7给出了在苹果生产中对现代投入品——机械的需求估计结果。从栽培技术虚拟变量的估计结果来看，矮化密植集约栽培模式对机械需求显著高于乔化栽培。采用矮化密植集约栽培模式的单位面积土地需要的机械投入比乔化栽培高出约4.00%。这一结果主要是由矮化密植集约栽培模式物理性质决定的。矮化密植集约栽培模式植株矮、行距宽的特点决定了该类型的苹果园具备使用中小型专业机械作业的条件。此外，工人工资的估计系数为正，且显著异于零。这表明，目前的果园机械与人工仍旧为互补关系。苹果栽培过程中，耗费劳动力的生产环节，如修剪、套袋、采摘等环节仍以人工劳动为主。其中的主要原因在于，科技界和企业界目前对相应生产环节的专业化机械研发不足，已有的专业型机械适应性较差，市场上缺乏有效供给来替代相应环节的劳动投入。土地价格和苹果经营规模的估计系数为正，说明土地投入与机械投入呈互补关系，即苹果园的规模经营可以诱致农户的农业机械投入。资本—土地比率对农户机械投入有正向影响。有趣的是，机械租赁价格对农户机械投入没有显著影响。可能的原因在于，苹果主产区的专用机械租赁市场非常不发达，苹果种植户的机械投入主要来自于自有机械，因而对村域内部机械租赁价格的反应不敏感。

表4-8的估计结果表明，矮化密植集约栽培技术模式虚拟变量对化肥需求有显著的正向影响，采用矮化密植集约栽培模式的单位面积土地比采用乔化栽培模式的单位面积土地高出3.60%。结合表4-6，对农家肥需求的回归结果可以看出，矮化密植集约栽培模式对肥料需求的条件比乔化栽培模式高，这可能是限制矮化密植集约栽培模式持续大面积推广的一个因素。价格因素中，劳动投入的系数为正，且显著异于零，说明劳动投入与化肥投入属于互补关系。化肥价格对化肥需求的影响与预期一致，具有负效应。此外，资本—土地比率对化肥投入存在显著的负向影响，苹果种植户个体特征对化肥投入影响不显著。

4.5 本章小结

在意大利、美国、日本、法国等及东亚地区的发达国家，苹果矮化栽培模式已经取得良好效果。这些国家的苹果栽培状况与经验也表明，矮化栽培制度已经成为苹果产业的主要栽培模式及发展趋势。但矮化栽培对肥水投入、果园机械、气候条件等因素要求较高，国内各主要苹果产区是否具备矮化栽培的条件还存在不少疑问。本章使用全国 7 个苹果主产省的苹果种植户微观调查数据，对要素需求函数进行随机效应回归，实证分析苹果矮化密植集约栽培模式对要素需求的影响。主要结论如下：

第一，苹果矮化密植集约栽培模式比乔化栽培模式具有明显的劳动节约效应。基于要素视角的分析结果表明，与传统栽培技术相比，矮化密植集约栽培模式单位面积需要的劳动投入较少，具有明显的劳动节约效应，单位面积比乔化栽培技术模式少使用 7.00% 的劳动力。这主要是因为矮化密植集约栽培模式具有植株矮、分支少、行距宽、株距密的物理性质，便于果园专业机械的使用，同时果树的分支修剪数量也有较明显地减少，可起到替代劳动力投入的作用。

第二，苹果矮化密植集约栽培模式对现代农业要素投入的要求更高。与传统栽培技术相比，矮化密植集约栽培品种每单位面积多使用 2.70% 的农家肥、4.00% 的机械和 3.60% 的化肥。这说明矮化密植集约栽培品种要求更多的机械、化肥和农家肥投入，意味着矮化密植集约栽培模式比传统栽培模式对机械与肥料的反应更加敏感。

第三，在当前技术条件下，苹果矮化密植集约栽培模式优势未完全发挥。具体表现为劳动投入与机械投入主要体现为互补关系。即在果园生产及管理过程中，机械对劳动的替代不明显。国内外理论研究及国外实践均已表明，矮化密植集约栽培模式的突出特征是节约劳动，即果园专业机械及技术装备的广泛使用。但三方面的制约因素，导致矮化密植集约栽培模式的优势在中国现阶段难以发挥：一是中国的苹果种植户仍然以小规模经营为主，果园机械及技术装备的使用存在规模不经济问题；二是与苹果产业发达国家相比，我国果园机械及技术装备供给方面存在专业化程度低、智能化程度低、价格及投入成本高等突出问题，果园机械及技术装备使用的劳动替代效应不显著；三是果园机械及技术装备具有资本密集型特征，但苹果种植户普遍面临融资渠道单一、融资难度大、融资成本高等问题。因而现实状况是，中国果园生产、管理中耗费劳动投入的主要生产环节，如疏花疏果、果树修剪、套袋摘袋、苹果转果、采摘等仍然以人工投入为主。

第 5 章
矮化密植集约栽培模式与乔化
密植栽培模式效益对比分析

30 多年来，世界苹果栽培制度发生了深刻变化，完成了从乔化稀植—乔化密植—矮化密植集约模式的变迁过程（高敬东等，2013）。欧洲、美国、日本等世界苹果产业发达国家已基本完成矮化密植集约栽培方式的转变，苹果矮化密植集约栽培模式已成为世界主要苹果种植国普遍采用的栽培技术（李丙智等，2010）。苹果矮化密植集约栽培模式具有接穗品种生长势减缓、树冠矮小、树形紧凑、易形成花芽、果品质量好、管理方便、便于机械化操作等特点（马宝焜等，2010），已成为世界苹果发展的趋势和方向（李丙智等，2007）。我国在 20 世纪 40 年代引入矮化砧木试验（李丙智等，2010）。1951 年、1957 年从丹麦、保加利亚引入 M 系为主的苹果矮化砧，以后又陆续引入 MM 系、P 系等其他苹果矮化砧（郗荣庭，1980）。然而，经过近 70 年的创新与推广，我国矮化砧果园面积仍仅占全国苹果种植总面积的 4% 左右，发展进程缓慢。同时，果农在采纳该技术模式的过程中，仍然存在着诸多技术难题和管理难题。因此，结合我国苹果栽培模式正处于大规模变革时期的实际问题，有必要对苹果矮化砧组培、矮化密植集约栽培模式进行技术经济评价，进而从经济—技术—产业相结合角度，揭示该栽培模式的经济效益特征、存在的主要问题、改进的路径与对策。

经济效益评价的方法主要有两种：一种是对比分析方法，即通过建立起一套合理的指标体系，结合实际案例，分析指标在技术模式实施前后的经济效益变化情况，并用统计分析的方法分析其差异。另一种则是利用生产函数，对产出结构、要素密度和弹性等进行分析。杨金深（2005）对无公害蔬菜与常规蔬菜生产投入成本结构进行分析，认为无公害蔬菜生产在总体上比常规生产更关注技术的合理性和质量安全性，但在成本投入结构方面是否存在差异则难以得出一致结论。杨金深等（2006）对绿色苹果与常规苹果的投入产出的经济效益进行分析，认为绿色苹果在资本绝对密集度、成本收益与生产效率等方面均高于常规苹果，并可促进农民增收。范存慧（2005）对农户采用 Bt 抗虫棉的成本投入进行测算，结果表明 Bt 抗虫棉能够提高棉花产量，而且减少了农药与劳动投入，对农民增收和环境改善都起到了正面作用。

本章结合两种方法，从苹果矮化密植集约栽培模式与乔化密植栽培模式的建园成本、投入成本结构、产出结构、要素密集度、要素弹性与规模收益及科技贡献率等几个方面，对两种栽培模式进行对比分析与技术经济评价。其结果有利于深入认知矮化密植集约栽培模式的技术体系内涵，把握产业发展方向，促进苹果栽培制度变革与新栽培模式的推广，为我国苹果产业高效持续发展，提供决策依据。

5.1 数据来源与分析方法

5.1.1 数据来源

本章以苹果产业经济研究室在山西、陕西、甘肃三省 2009～2011 年连续三年调研资料和固定样地跟踪调查的数据为依据。每个年度在三个苹果主产省随机选取矮化密植集约栽培模式与乔化密集栽培模式种植农户若干，对每个农户的生产投入与产出进行问卷调查。调查数据包括生产面积、种苗、农药、化肥、有机肥、套袋、修剪、灌溉投入、劳动投入等内容。矮化密植集约栽培试验固定样地设在陕西省宝鸡市凤翔县范家寨乡大沙凹村。该样地占地面积 150 亩，其中实际挂果面积 68 亩，2009 年进入盛果期；挂果园区果树种植密度为：2 米×4 米（83 株/亩）及 2 米×3.5 米（95 株/亩），矮化中间砧为 M_9 和 M_{26}；苹果主要品种为富士和嘎啦，分别占挂果面积的 60% 和 40%。调查数据以亩为单位进行测定。

5.1.2 分析方法

在充分考虑苹果生产过程中生产要素相对重要性和数据可获得性的基础上，以果农的苹果销售收入指标作为苹果的产出变量。投入变量选择苹果生产过程中的经济成本为主，包括显性成本和隐性成本。其中，显性成本是指苹果生产过程中的生产要素的实际支出，主要包括灌溉、化肥、农药、果袋（资金投入、套卸袋用工）等显性支出项目；隐性成本是生产者所拥有的且被用于生产的要素总价格，也是生产者从事苹果生产活动的主观损失，没有外在表现，即劳动的隐性成本，主要指家庭劳动投入（含亲友帮工）成本。除此以外的灌溉费、机械折旧费及燃油费等投算计入其他投入。

在经济技术评价中，要素弹性与规模收益将采用产出变量（Y）与生产要素变量（L，F，H，K，…）之间的关系模型，具体采用 C-D 生产函数

$$Y = f(A, L, F, H, K, \cdots) = AL^{\beta_1}F^{\beta_2}H^{\beta_3}K^{\beta_4}\cdots \qquad (5\text{-}1)$$

为测定技术进步率，引进时间变量 t，设技术因素 A 是时间变量 t 的函数，即有

$$Y = A(t)L^{\beta_1}F^{\beta_2}H^{\beta_3}K^{\beta_4}\cdots = Ae^{\delta t}L^{\beta_1}F^{\beta_2}H^{\beta_3}K^{\beta_4}\cdots \qquad (5\text{-}2)$$

对式（5-2）两边取自然对数线性化

$$\ln Y = \ln A + \delta t + \beta_1\ln L + \beta_2\ln F + \beta_3\ln H + \beta_4\ln K + \cdots + \varepsilon \qquad (5\text{-}3)$$

式中，β_j，$j = 1, 2, \cdots$ 为参数，表示苹果生产过程中的生产要素变量对产出变量的影响程度，也称生产要素变量的弹性系数；ε 为随机误差。式（5-3）中生产要素也是时间 t 的函数，所以对 t 求导数

$$Y' = \delta + \beta_1 L' + \beta_2 F' + \beta_3 H' + \beta_4 K' + \cdots \qquad (5\text{-}4)$$

式中，Y'、L'、F'、H'、K' 分别为产出和各生产要素增长率；δ 为科学技术进步率。所以

$$\delta = Y' - \beta_1 L' - \beta_2 F' - \beta_3 H' - \beta_4 K' - \cdots = \Delta Y/Y - \sum_{j=1}\beta_j\Delta X_j/X_j \qquad (5\text{-}5)$$

式中，X_j、ΔX_j 分别表示生产要素及其增长量。

令科学技术贡献率为 γ

$$\gamma = \frac{\delta}{\Delta Y/Y} \qquad (5\text{-}6)$$

5.2 矮化密植集约栽培模式的技术经济评价

5.2.1 建园初期经济对比分析

根据调研数据分析结果显示，矮化密植集约栽培一般以（1.2～2）米×（3.5～4.0）米株行距定植，每亩可栽 84～170 株，树高 3.5 米以内，冠幅 0.8～1.2 米。在良好的果园管理条件下，第 2 年即可挂果，产量在 1000 千克/亩左右，第 3 年产量可达 2000 千克/亩，第 4 年产量达 2000～4000 千克/亩，即第 4 年达到成龄丰产果园水平。乔化密植果园的种植密度一般在 3 米×4 米的行株间距，种植苹果 56 株/亩，在与矮化密植集约栽培果园相同或相近的条件下，乔化密植果园第 4～5 年才开始挂果，单位面积产量从开始挂果的 550 千克/亩升至 5000 千克/亩左右的丰产值，需要 8～10 年。在建园初期，矮化密植集约果

园明显表现出矮化果树挂果早、产量高的经济效益优势。

矮化密植集约栽培模式技术密集、科技含量高,在建园初期的投资较大,用苗量多且矮化苗木单价远高于乔化苗木。以苗木费用计算,矮化密植集约栽培平均110株/亩,根据当年调查数据可知苗木成本平均为660元/亩;乔化栽培56株/亩,平均苗木费仅为140元/亩。可看出,矮化密植集约果园的苗木费用是乔化的3.7倍。但矮化密植集约果园挂果早、产量高、管理便捷,在建园的最初4年,以平均水平可收获苹果5200千克/亩计算,扣去套袋、用工和其他费用,净收益均在10 000元/亩左右。而乔化栽培果园前4年的单位产量以550千克/亩计算,可获得收益仅为1980元/亩,忽略套袋、用工和其他费用不计,单位面积收入仅是矮化密植集约果园的1/9左右。这说明矮化密植集约果园具有投资收益率高、见效快等特征,即表现出挂果早、产量高等显著优势。

5.2.2 盛果期经济评价

5.2.2.1 成本结构对比分析

将苹果产业研究室在2009~2011年,连续3年实地调查各项成本投入,换算为货币投入,具体见表5-1。由表5-1看出果农在应用两种栽培技术过程中,虽然在随着物价指数的增长投入在增加变动,但矮化密植集约果园与乔化栽培果园的投入结构存在明显差异。就成本而言,矮化密植集约技术的肥料投入每亩比乔化栽培高出330元左右,其他如农药、套袋、机械折旧、燃油等费用也显著高于乔化栽培。就平均固定投入和可变投入(不含用工费用)计算,矮化密植集约果园为1785.24元/亩,乔化密植果园为1219.44元/亩,矮化密植集约果园高出565.80元/亩,投入显著高于乔化密植果园。但矮化栽培在节约劳动力方面体现出了一定的优势,每亩劳动投入比乔化密植果园减少7.7个工日,按当时平均日工价60元/工计算,减少货币投入462元/亩,特别是近年来人工成本上涨幅度居高不下,如2011年人工成本上涨了18.41%,就更显示出矮化密植集约栽培模式在节约人工成本方面的优势,这就可抵消矮化密植集约果园在固定投入和可变投入两方面的影响。

表5-1　矮化栽培与乔化栽培单位面积投入结构对比分析

成本类型	2009年		2010年		2011年		平均值	
	矮化	乔化	矮化	乔化	矮化	乔化	矮化	乔化
肥料/(元/亩)	855.63	525.07	1010.77	649.53	1001.59	628.28	956.00	600.96
农药/(元/亩)	246.31	224.64	253.88	221.87	255.98	232.50	252.06	226.34

成本类型	2009 年		2010 年		2011 年		平均值	
	矮化	乔化	矮化	乔化	矮化	乔化	矮化	乔化
人工/（工日/亩）	24.94	33.53	24.54	32.11	24.95	32.07	24.81	32.57
套袋/（元/亩）	402.89	223.43	439.67	240.65	426.15	272.82	422.90	245.63
其他投入/（元/亩）	138.52	121.50	155.44	141.77	168.87	176.25	154.28	146.51

5.2.2.2　产出结构对比分析

产出是衡量苹果生产效益的重要标志。矮化密植集约栽培模式的技术含量提升，使其产出结构发生明显的变化，极大地提高了优质果的比例（表5-2）。对比两种栽培模式的优果率可以看出，在同等条件下，矮化密植集约栽培模式的优果（1、2级果）率就平均而言比乔化密植栽培模式提高了35%。以货币收益看，矮化密植集约栽培模式的每亩净收益平均是乔化密植栽培模式的1.86倍，即比乔化栽培模式高出近90%。矮化密植集约栽培模式的技术物质投入量大，易于进行标准化管理，使得其投入产出比较高。比较分析两种栽培方式2009～2011年的投入产出效率发现，矮化密植集约栽培方式下每投入1元，其收益在1.3～1.4元，而且变动较小，即产出较为稳定。而乔化密植栽培果园的每元净收益在0.79～1.07元，产出水平低且波动幅度大。矮化密植集约栽培果园的投入产出比是乔化密植栽培果园的1.5倍多。就两种模式平均每亩的净收益，采用两总体均值差的 t 检验，结果表明：$t = 19.96$（$p < 0.01$）。矮化密植集约栽培果园极显著地高于乔化密植栽培果园。这是因为矮化密植集约栽培技术含量高，苹果的品质和产量显著提高，极大地提高经济效益的增长，也就弥补了其物质成本投入较大的缺陷。

表5-2　矮化栽培与乔化栽培产出结构对比分析

产出	2009 年		2010 年		2011 年		平均值	
	矮化	乔化	矮化	乔化	矮化	乔化	矮化	乔化
1级果/（千克/亩）	1 727.29	1 269.05	1 803.03	1 314.83	1 885.40	1 339.01	1 805.25	1 307.92
2级果/（千克/亩）	323.87	271.93	338.07	281.75	353.51	286.93	338.48	280.27
3级果/（千克/亩）	107.96	256.72	112.69	229.59	117.83	228.46	112.82	228.03
合计/（千克/亩）	2 159.12	1 797.72	2 253.79	1 826.17	2 356.74	1 854.40	2 256.55	1 816.22
收益/（元/亩）	7 610.58	5 335.09	8 149.73	5 081.26	8 652.39	5 954.41	8 137.57	5 456.92
净收益/（元/亩）	3 994.37	2 511.07	4 394.36	2 021.22	4 574.66	2 453.11	4 321.13	2 328.68
投入产出比	1.38	1.07	1.40	0.79	1.32	0.84	1.37	0.90

注：1级果是指直径在75毫米以上；2级果是指直径在70毫米以上；3级果是指直径在60毫米以上。

5.2.2.3 要素密集度对比分析

以劳动工值、可变物质成本和土地投入成本分别作为衡量、测定生产投入的劳动、资本和土地要素，对矮化密植集约栽培和乔化密植栽培的两种栽培模式的要素相对密集度进行比较（表5-3）发现，矮化密植集约栽培的要素相对密集度依次为资本、劳动、土地，乔化密植栽培的要素相对密集度依次为土地、劳动、资本，即矮化密植集约栽培的资本密集度要高于乔化密植栽培的劳动密集度。同时，随着经济的发展，人工成本的上涨，即传统要素成本持续上涨，必然推动以传统要素密集投入外延式发展模式的乔化密集栽培模式，向以技术进步为特征的内涵式发展模式转变。

表5-3 矮化栽培与乔化栽培的要素密集度比较

生产要素	2009 年		2010 年		2011 年		平均值	
	矮化	乔化	矮化	乔化	矮化	乔化	矮化	乔化
劳动/资本	0.95	1.33	0.95	1.35	0.96	1.35	0.95	1.34
劳动/土地	1.35	1.34	1.37	1.36	1.37	1.35	1.37	1.36
资本/土地	1.42	1.00	1.44	1.01	1.43	1.02	1.43	1.01

表5-3 的结论证明，矮化密植集约栽培技术在资本投入与技术进步方面要求都远高于普通乔化密集栽培技术。还要指出的是，矮化密植集约栽培技术具有显著优势，但由于矮化砧木的根系分布范围浅，容易出现树势早衰、固地性差、根系冻害等问题，需要通过立架栽培和提高肥水管理水平等技术手段才能发挥其栽培模式的优势。另外，矮化密植集约栽培模式的优势发挥，还有赖于省力化机械的广泛应用，这些都大大增加了果园资本的投入。这也进一步说明，以技术进步为特征的内涵式发展模式的重要性。虽然矮化密植集约栽培模式使果农在收益上极大提高，果农具有接受和采纳该栽培与技术模式的积极性，但在我国农业资本资源稀缺、农资价格快速上涨的现实条件下，该技术模式的推广与应用仍然在一定程度上受到了资本投入增加的约束。

5.2.2.4 要素弹性与规模收益分析

要素弹性与规模收益是通过估计不同栽培方式下果农的 C-D 生产函数得出。C-D 生产函数可以精确描述苹果种植户生产过程。式（5-3）在这里具体形式为

$$\ln Y_{it} = \ln A + \delta t + \beta_1 \ln L_{it} + \beta_2 \ln F_{it} + \beta_3 \ln H_{it} + \beta_4 \ln K_{it} + \varepsilon_{it} \qquad (5\text{-}7)$$

式中，Y 为苹果销售收入；L_{it} 为劳动投入；F_{it} 为苹果栽培中的化肥投入；H_{it} 为苹果种植户果园栽培面积；K_{it} 为苹果生产过程中的其他可变投入（即资本，包括苹果种植户年内经营苹果园所产生的农用机械折旧和燃油费、整地、运输、套袋、灌溉、农药、生产性贷款利息、农业保险、技术服务费及其他在销售过程中发生的费用）；ε_{it} 表示随机误差，$i = 1$，$\cdots$，n 为数据个数，$t = 1$，2，3 表示年份；$\beta_j(j = 1$，2，$\cdots$，4）分别为要素系数，反映要素的弹性，说明要素对产出变量的影响程度。

根据样地调查数据，利用最小二乘估计法分别对 2009～2011 年矮化密植集约和乔化密植两种栽培模式的要素作回归分析，估计要素系数值。经回归方程的显著性 F 检验，达到显著性水平（$p < 0.05$），偏相关系数的 t 检验，$\hat{\beta}_1$，$\hat{\beta}_3$ 极显著（$p < 0.01$），$\hat{\beta}_2$，$\hat{\beta}_4$ 显著（$p < 0.05$），结果列于表5-4。

表5-4　要素弹性系数估计值（$\hat{\beta}_j$）与规模收益分析

项目	2009 年		2010 年		2011 年		平均值	
	矮化	乔化	矮化	乔化	矮化	乔化	矮化	乔化
土地（$\hat{\beta}_1$）	0.33	0.36	0.28	0.11	0.52	0.17	0.38	0.21
劳动（$\hat{\beta}_2$）	0.05	0.13	0.08	0.11	0.03	0.13	0.05	0.12
资本（$\hat{\beta}_3$）	0.48	0.51	0.44	0.70	0.41	0.76	0.44	0.66
化肥（$\hat{\beta}_4$）	0.15	0.20	0.24	0.17	0.40	0.10	0.26	0.16
规模报酬	递增	递增	递增	递增	递增	递增	递增	递增

从投入要素和规模收益对比结果来看，矮化密植集约栽培模式的要素均衡程度高于乔化密植栽培模式，要素弹性之间的离差较小。另外，矮化密植集约栽培模式在省力化和劳动节约方面表现出明显优势，其劳动的产出弹性平均为 0.05，即在其他条件不变的情况下，每增加一个单位的劳动仅使产出增加 0.05 个单位。同时，观察四种要素 2009～2011 年的产出弹性波动规律可以发现，化肥的产出弹性是逐年递增的，可变投入（资本）的产出弹性所占份额最大，这说明果园精细管理技术仍在苹果产业发展中扮演着重要角色。

5.2.2.5　技术贡献率测算

以连续 3 年平均增长率和弹性系数的平均值为基础，由式（5.5）和式（5.6）分别测算矮化密植集约栽培模式相对于乔化密植栽培模式的科技进步率和贡献率，计算得出矮化密植集约栽培模式的科学技术进步率 $\delta = 0.3118$，科学技术贡献率 $\gamma = 0.6338$，即矮化密植集约栽培模式的科学技术贡献率为

63.38%。这表明苹果矮化密植集约栽培模式是技术密集型栽培模式，科学技术含量的提高会使产出效益极大增长。

综合以上分析可知，矮化密植集约栽培模式对投入要素的技术含量要求更高。可表现为两个方面：从要素投入的角度，矮化密植集约栽培模式需要更多技术密集型的要素投入，如省力化机械的广泛应用等；从果园管理水平的角度，矮化密植集约栽培果园的管理，需要有精细化的果园管理标准制度的建立，才能使矮化密植集约栽培模式的收益显著高于乔化密植栽培模式，达到提高生产效率和经济效益的目标。

5.3　本章小结

第一，与乔化密植栽培模式相比，矮化密植集约栽培模式具有节约劳动力与土地资源的优点，因此矮化密植集约栽培模式替代乔化密植栽培模式是农业诱致性技术变迁规律的发展必然。矮化密植集约栽培模式技术含量高，早期丰产，果园更新快，土地利用充分，利于机械化操作和科学管理。在现行条件下，矮化密植集约栽培模式的总体经济效益优于乔化密植栽培模式。对矮化密植集约栽培模式和乔化密植栽培模式的成本结构、产出结构、投入产出比、要素密集度、要素弹性等指标的测算结果表明，矮化密植集约栽培模式属资本密集型栽培模式，其资本对劳动的替代效应明显。样本区内，矮化密植集约栽培模式的单位面积（亩）平均可变资本投入虽然较乔化密植栽培模式高，但劳动投入节约31.27%，净收益是后者的1.86倍，高出90%，投入产出比是乔化密植栽培模式的1.5倍。

第二，资本投入是充分发挥矮化密植集约栽培模式技术优势的瓶颈。在矮化密植集约栽培模式的成本投入结构中，化肥、农药、套袋、机械折旧、燃油等投入费用等单位面积（亩）可用货币量化的固定投入和可变投入显著高于乔化密植栽培模式。要想充分发挥出矮化密植集约栽培模式的技术优势，必须引导果农加大资本投入，保障果园的经济密集管理。

第三，配套技术协同发展是矮化密植集约栽培模式推广的关键。矮化密植集约栽培模式已经显示出较强的技术经济优势，但现有的苗木供应、适生砧木培育、省力化机械开发、肥水调控等方面不能保障各项技术的均衡供给。因而，矮化密植集约栽培模式的配套技术协同发展是矮化密植集约果园改进质量、提高效益的重要保障。

第四，企业集团、农业合作组织、种植大户为主的经营主体会逐渐取代传统小农经济在苹果栽培过程中的地位。矮化密植集约栽培模式对资本投入与技术投入的要求均显著高于乔化密植栽培模式，且其农艺过程易于标准化与机械化。因此，非农资本的介入与种植主体的职业化分工，是未来矮化密植集约栽培模式与制度发展的趋势。

在我国，苹果生产已经基本完成以种植面积增加为主的外延扩张型发展阶段，并进入以改进质量、提高效率和效益为主的内涵发展阶段。今后的5~10年，全国苹果种植将处于大规模更新换代阶段，全国每年将有更新或新建果园200万亩以上，对于这些新果园而言，矮化密植集约栽培方式是实现改质、提效目标的可行选择。

第 6 章
不同栽培模式技术效率、规模效率
及全要素生产率

6.1 引　言

前面的研究结果表明，对投入品的需求是苹果栽培技术的重要性质。但从微观层面来看，如果现代栽培技术不能提高生产率，农户将不会接受并采纳新的栽培技术。从产业层次来看，中国苹果已经基本完成以种植面积增加为主的外延型扩张发展，进入以改进质量、提高效率为主的内涵型的提质阶段。中央及苹果主产区政府更加重视苹果产业发展规划和政策支持，逐步引导苹果生产布局向苹果优势区集中，加大矮化栽培技术的集成推广。在这种背景下，迫切需要考察矮化技术能在多大程度上提高生产率。

目前，学术界对苹果生产环节的效率评价并未区分不同品种和不同栽培技术。从研究方法来看，已有研究主要是基于描述性统计法、生产函数法和数据包络分析法（data envelopment analysis，DEA）三种。具体而言，一是基于统计性描述方法。代表性研究有，杨金深等（2006）基于统计描述方法，对比分析了绿色苹果与常规苹果在成本结构、产出结构、成本收益、生产效率及要素密集度方面的差异。二是基于 C-D 生产函数、Transalog 生产函数等形式。例如，屈小博（2009）对陕西渭北地区不同规模的苹果种植户的生产效率及影响因素进行分析，表明苹果种植户经营规模与生产效率呈现出倒"U"形趋势；王静等（2010）利用 C-D 函数对陕西苹果基地县的生产效率波动趋势和空间分布特征进行实证分析，认为 2005～2007 年陕西苹果全要素生产率的增长具有时间上的波动性和地区间的差异性；霍学喜和侯建昀（2010，2012）对黄土高原优势区的陕西、山西、甘肃三省 10 个苹果基地县种植户的生产效率、要素弹性等内容进行了实证分析。三是基于非参数的数据包络分析方法（DEA）。例如，顾海和王艾敏（2007）运用非参数的 Malmquist 指数法，对河南省苹果生产的全要素生产率进行分解，并认为河南省苹果全要素生产率的增长应归因于技术效率和技术进步的共同提高利用；贾筱文等（2011）运用DEA-Tobit 两阶段模型，对我国 8 个苹果主产区（省）在 2006～2009 年的综合生产效率进行测算和分解，结论认为技术进步是导致我国苹果生产全要素生产率增长的主要原因，但综合技术效率、纯技术效率和规模效率水平较低；石会娟（2011）采用 DEA 方法对河北省和全国的苹果生产效率进行了对比分析。

众学者的研究表明，苹果生产环节的投入—产出效率、技术效率评价、测算是学术界关注的重要领域，但缺乏不同栽培模式下苹果园生产率的评价。本章将围绕这一问题进行研究，以期为相关决策提供参考依据。

6.2 技术效率、规模效率及全要素生产率概念与测量

6.2.1 技术效率与规模效率

在本章中，技术效率（technical efficiency）是用于反映苹果种植户由给定投入集获得最大产出的能力。在规模报酬不变的假设下，生产经济学家 Farrell（1957）利用设计两种投入（x_1, x_2）生产单产出（q）的经济组织的例子来阐述技术效率和配置效率的概念。如图 6-1 所示，如果给定农户使用 P 定义的投入量来生产单位苹果，那么这个农户的技术无效率可以用距离 QP 来表示，它表示在产出不减少时所投入按比例可能减少的量。一般意义上，通常用 QP/OP 来表示，即表明要达到技术上有效率的生产所要减少所有投入量的百分比。

进一步地，农户的技术效率（TE）常用 OQ/OP 来测算，它等于 1 加减 QP/OP。其取值在 0 和 1 之间，因而可以作为评价农户技术效率程度的值。如果其取值为 1，那么就意味着农户处于完全有效率的状态。在图 6-1 中，位于等产量线的 Q 点是技术有效的。

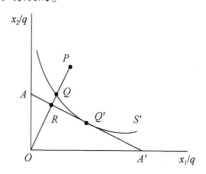

图 6-1　技术效率和配置效率

农户技术效率的投入导向测量，可用投入距离函数 $d_i(x, q)$ 表达为

$$TE = 1/d_i(x, q) \tag{6-1}$$

如果所研究的农户位于生产前沿线上，那么农户的投入—产出就是有效的。在这种情况下，$TE = 1$ 且 $d_i(x, q) = 1$。

在获得投入价格信息的前提下，我们可以计算农户的成本效率（cost efficiency）。用 w 表示投入价格向量，并用 x 表示所有使用的与 P 点有关的投入向量观测值。令 x 与 x^* 分别代表技术有效点 Q 表示的投入向量和 Q' 点表示的成本最小化投入向量。

于是，这个厂商与 P 和 Q' 点有关的成本效率可定义为和投入向量 x 与 x^* 有关的投入成本的比率。因而：

$$CE = w'x^*/w'x = OR/OP \tag{6-2}$$

在图 6-1 中，如果有等成本线 AA' 斜率所表示的投入价格比率也是已知的，那么用等成本线就可以计算配置效率和技术效率的测量值。这些测量值的方程可以表达为

$$AE = w'x^*/w'x = OR/OQ \tag{6-3}$$

$$TE = w'x/w'x = OQ/OP \tag{6-4}$$

这两个方程的经济学含义是：距离 RQ 代表当生产处于配置有效（且技术有效）的 Q' 点，而不是处于有效但配置无效的 Q 点时，所产生的生产成本最低。

给定技术效率的测量，全部总成本效率（CE）可以表示为技术效率与配置效率的乘积：

$$TE \times AE = (OQ/OP) \times (OR/OQ) = OR/OP = CE \tag{6-5}$$

上述 CE、AE、TE 三个变量的值都在 0 和 1 之间。

6.2.2 全要素生产率——Malquist TFP 指数

根据生产经济学理论，全要素生产率（total factor productivity，TFP）一般用于表示生产率的变化或增长。举例而言，如果在 s 和 t 两个时期，农户都生产同样数量的农产品，但投入要素的数量以一定比例降低了，那么 TFP 指数就相应增加了。如果投入减少 25%，那么 TFP 指数应等于 1/0.75。同理而言，如果保持投入固定不变，产出按给定百分比增加，那么 TFP 指数应以相同的百分比增加。

假定本章以时期 s 和 t 的投入、产出向量为自变量的函数 $F(x_t, q_t, x_s, q_s)$ 表示 TFP 指数。那么 TFP 指数应满足性质：

$$F\left(x_t,\ q_t,\ x_s,\ q_s\right)=\mu/\lambda,\qquad \text{对于所有}\ \mu,\ \lambda>0 \tag{6-6}$$

式（6-6）表明，该指数关于 q 的齐次次数为+1，关于 x 的齐次次数为–1。

在式（6-6）约束下，投入导向生产率关注于在参照技术下，生产观测到的产出向量 q_s 和 q_t 所必需的投入水平。假定以时期 s 的技术作为参照技术，那么对时期 s 和 t 而言，时期 s 的投入导向 Malquist 生产率指数可以定义为

$$m_i^s\left(q_s,\ q_t,\ x_s x_t,\right)=d_i^s\left(q_t,\ x_t\right)/d_i^s\left(q_s,\ x_s\right) \tag{6-7}$$

如果假定这个农户在两个时期都是技术有效的，那么 $d_i^s\left(q_s,\ x_s\right)=1$，因而有

$$m_i^s\left(q_s,\ q_t,\ x_s x_t,\right)=d_i^s\left(q_t,\ x_t\right) \tag{6-8}$$

类似的，定义基于时期 t 技术的投入导向 Malquist 生产率指数为

$$m_i^t\left(q_s,\ q_t,\ x_s,\ x_t,\right)=d_i^t\left(q_t,\ x_s\right)/d_i^t\left(q_s,\ x_s\right) \tag{6-9}$$

如果该农户在时期 t 是技术有效的，那么 $d_i^t\left(q_t,\ x_t\right)=1$。

由于投入导向的 Malquist 生产率指数是利用时期 s 和时期 t 的技术作为参照技术来定义，有

$$m_i\left(q_s,\ q_t,\ x_s x_t,\right)=\left[m_i^s\left(q_s,\ q_t,\ x_s x_t,\right)\cdot m_i^t\left(q_s,\ q_t,\ x_s x_t,\right)\right]^{0.5} \tag{6-10}$$

当然，利用式（6-10）估计 Malquist TFP 指数，首先要计算出式（6-7）和式（6-9）的四个不同的距离。

测定技术效率及全要素生产率的常用方法包括数据包络分析法和随机前沿分析法。其中，数据包络分析法是一种非参数的估计方法，其基本思路是运用线性规划方法和根据可观测数据的特征，分析技术效率及其特征。数据包络分析法的优点是不需要估计决策单元的生产函数，从而避免了因不合理生产函数形式导致的估计偏差和错误结论，当然该方法对测算方法和样本代表性、数据精度要求较高。而且，数据包络分析法的 TFP 测算值比随机前沿分析法的测算值更具有随机性。

6.3 基于 Malquist 指数的生产效率估计

本章分析使用的原始数据与第 4 章、第 5 章相同，来自苹果主产区的 7 个苹果主产省的 2009～2011 年抽样调查数据。为了计算不同栽培模式下苹果种植户的技术效率和全要素生产率的变化，本章首先需要计算每个农户的技术效率变化（TEC）、技术变化（TC）、纯技术效率变化（PTE）、规模变化（SC）、全要素生产率变化（TFPC）的年度百分比变化。这些测算值是对这些农户取均值，然后转换成为累积百分比变化。

生产效率计算的指标主要包括 1 个产出指标和 3 个投入指标。产出指标为苹果的亩产量,单位为千克。投入指标如下:一是农户的劳动力投入,包括农户自家劳动力和雇工,单位为工;二是可变资本投入,包括肥料投入、农药投入、果袋、灌溉等投入;三是苹果园挂果面积。基于上述指标和数据,运用 DEAP 2.1 软件,对采用矮化栽培技术和乔化栽培技术的苹果种植户全要素生产率结果进行计算,结果如表 6-1 所示。

表 6-1 基于 Malquist 指数的 DEA 分析结果

项目	年份	TEC	TC	PTE	SC	TFPC
矮化栽培	2010 年	0.872	0.823	0.932	0.936	0.989
	2011 年	1.348	0.828	1.139	1.183	1.116
	均值	1.110	0.826	1.036	1.060	1.053
乔化栽培	2010 年	1.160	1.056	1.054	1.104	1.221
	2011 年	1.676	0.829	1.377	1.238	1.386
	均值	1.418	0.943	1.216	1.171	1.304

通过对表 6-1 中的结果可以看出,矮化栽培和乔化栽培具有一些共性特点:

第一,苹果矮化栽培模式的技术效率、规模效率优势未完全发挥。从表 6-1 的结果来看,苹果矮化栽培模式的技术效率变化、技术变化、规模变化、纯技术效率变化均低于乔化栽培方式。造成这一结果的原因是:矮化栽培最具优势的特点是劳动节约,其行距宽、植株矮的特点适合于专业化机械的推广和应用;但目前苹果种植户所拥有的机械与农户劳动力属于互补效应,而非预期的替代效应,这在第 4 章已经得到了实证。进一步而言,矮化栽培的劳动力节约效应并未得到体现。

第二,矮化和乔化两种栽培模式的全要素生产率变化主要来自技术进步、技术效率、规模效率变化的共同作用。在 2009～2011 年的考察期内,无论是矮化栽培还是乔化栽培,全要素生产率的变化与技术变化、技术效率变化、规模效率变化的趋势相一致,且两者高度相关。换言之,三者的综合作用是苹果种植户全要素生产率进步的主要推动力。

第三,矮化栽培和乔化栽培模式下的全要素生产率呈现出波动增长的特征。

第四,无论是矮化栽培还是乔化栽培,生产均未达到生产的前沿面。

6.4　生产效率的决定因素

6.3 节中利用 Malquist 指数方法计算了苹果种植户的技术效率、规模效率和全要素生产率，但是这个效率是在具有多种投入和多种产出系统中测算出来的相对效率。其结果表明，无论是矮化栽培还是乔化栽培，生产均未达到生产的前沿面，因而，进一步确认影响其组间效率差异的因素，无疑对于改进苹果种植户的生产效率和经营水平具有重要意义。以此为背景，本节将采用 Tobit 模型就苹果种植户的生产效率的决定因素进行回归分析。

影响苹果种植户全要素生产率的因素可以总结为区域因素和苹果种植户因素。区域因素主要是指对苹果种植户经营的特定环境因素，如区域性的气候条件、市场发育水平、土地流转制度安排等；苹果种植户因素则主要指苹果种植户家庭获得的与苹果种植户农地经营紧密相关的影响因素，如苹果种植户劳动力禀赋、种植结构、土地规模、土地类型等内容。

6.4.1　Tobit 模型及其原理

Tobit 模型是 1981 年诺贝尔经济学奖获得者 J. 托宾（James Tobin）于 1958 年在研究耐用消费品需求时提出来的一个经济计量学模型。基本结构如下：

设某一耐用消费品支出为 y_i（被解释变量），解释变量为 x_i，则耐用消费品支出 y_i 或者大于 y_0（y_0 表示该耐用消费品的最低支出水平），或者等于零。因此，在线性模型假设下，耐用消费品支出 y_i 和解释变量 x_i 之间的关系为

$$y_i = \begin{cases} \beta^T x_i + e_i & 若 \beta^T x_i + e_i > y_0 \\ 0 & 其他 \end{cases} \tag{6-11}$$

$$e_i \sim N(0, \sigma^2), \quad i = 1, 2, 3, \cdots, n$$

式中，x_i 为（$k+1$）维的解释变量向量；β 为（$k+1$）维的未知参数向量，T 表示矩阵的转置。此模型称为截取回归模型（censored regression model）。假设 已知，模型两边同时减去 y_0，变换后模型的常数项是原常数减去 y_0，由此得到 的模型标准形式称为"Tobit 模型"（Tobit regression model）：

$$y_i = \begin{cases} \beta^T x_i + e_i & 若 \beta^T x_i + e_i > 0 \\ 0 & 其他 \end{cases} \tag{6-12}$$

$$e_i \sim N(0, \sigma^2), \quad i = 1, 2, 3, \cdots, n$$

Tobit 模型还可表示为

$$y_i^* = \beta^{\mathrm{T}} x_i + e_i \tag{6-13}$$

$$y_i = \begin{cases} y_i^* & \text{若 } y_i^* > 0 \\ 0 & \text{若 } y_i^* \leqslant 0 \end{cases} \tag{6-14}$$

Tobit 模型的一个重要特征是，解释变量 x_i 是可观测的（即 x_i 取实际观测值），而被解释变量 y_i 只能以受限制的方式被观测到：当 $y_i^* > 0$ 时，取 $y_i = y_i^* > 0$，称 y_i 为"无限制"观测值；当 $y_i^* \leqslant 0$ 时，取 $y_i = 0$，称 y_i 为"受限"观测值。即"无限制"观测值均取实际的观测值，"受限"观测值均截取为 0。

更为一般意义的模型：

$$y_i^* = \beta^{\mathrm{T}} x_i + e_i, \ (i = 1, \ 2 \cdots N), \ \varepsilon_i \sim N(0, \ \sigma^2) \tag{6-15}$$

其中，

$$y_i^* = \begin{cases} a & \text{若 } y_i \leqslant a \\ y_i & \text{若 } b > y_i > a, \ \text{这里 } y_i \sim N(\mu, \ \sigma^2) \\ b & \text{若 } y_i \geqslant b \end{cases}$$

6.4.2 变量选择

（1）受教育水平（education）。教育作为人力资本投资的最重要的组成部分，可以通过其"内部差异"和"外部效应"对生产率、经济增长和收入变化起到显著贡献。但是在实证和经验研究中，受教育变量对生产的影响常不显著，有学者将之归结为人力资本的度量差异（Krueger and Lindahl，2001）或者不同受教育差异对生产率的作用相互抵消（李静，2006）。

（2）技术培训（training）。技术培训作为一种非正规教育手段，是人力资本投资的重要内容，对提高苹果种植户能力和经济价值具有重要的工具性作用，使其更加了解农业技术特点，掌握应用技术的能力。尤其农业是一个植物活体的生产过程，受自然气候和周围生态环境、基础设施条件的影响很大，对农业技术的掌握需要一个经过自然环境条件适应性调整和基础设施改良以及在"干中学"的过程。

（3）身份背景（status）。干部身份通常与能力相关，往往只有能力更强的人才能被选为干部，这种能力与苹果种植户生产决策行为能力相关。村干部、合作社干部、党员等身份可以给苹果种植户带来"收入效应"，即可以比普通苹果种植户获取更多可支配性资源和市场信息等，与上层机构和技术部门具有更多联系，以及更大的社会关系网络，这经常被认为是社会资本的重要组成部分。

（4）耕地细碎化程度（plots）。耕地细碎化耕种是我国人多地少的资源禀赋条件、家庭联产承包责任制下土地均分与双层经营体制的制度约束以及农地市场发育不完全的市场环境三者共同作用的结果。苹果种植户内部承包的耕地往往也呈细碎化分布，一般被分成几块，经常按质量好坏、位置远近搭配，以兼顾地力和位置的差异。耕地细碎化的最大不足就是使苹果种植户难以实现规模化经营，增加田埂和沟渠面积使很多具有不可分性特征的固定投入难以充分发挥作用，阻碍了先进机械设备和技术的推广，还难以有效控制大规模病虫害的发生。

（5）家庭非农劳动力数量（off labor）。苹果种植户时间配置中农业经营与非农活动时间配置之间存在着替代关系，但非农比较效益要高于农业，如果苹果种植户存在非农机会，那么他从事家庭经营会存在较高机会成本——非农就业报酬，人力资源最终流向报酬较高的行业，家庭经营中常出现季节性劳动供给和劳动时间投入不足，不得不粗放经营。此外，这还会使农业技术在留守弱质农民群体中难以推广，不利于先进农业技术扩散。

在此基础上，可以把估计生产效率的影响因素模型设定为

$$VRS = \beta_0 + \beta_1 education + \beta_2 training + \beta_3 status + \beta_4 plots + \beta_5 offlabor + \varepsilon \quad (6\text{-}16)$$

6.4.3 估计结果分析

Tobit 模型的估计一般采用极大似然估计法进行估计，分析采用的软件为 Stata 12.0，估计结果如表6-2所示。从估计结果来看，无论是最小二乘法的结果还是 Tobit 模型的结果都比较理想。Tobit 模型通过了针对模型整体的对数似然比检验，针对变量的 Z 检验显著性水平也较高，说明实证结果具有较高的可信度。

表6-2　不同栽培模式 VRS 技术效率的 Tobit 模型回归结果

变量	估计值	标准差	Z 值	p 值
常数项	−0.0516 ***	0.0056	−9.065	0.000
受教育水平	0.0589 ***	0.0225	2.622	0.008
技术培训	0.071 ***	0.0234	3.044	0.009
身份背景	−0.007 ***	0.0019	−3.916	0.000
耕地细碎化程度	−0.0538 ***	0.0074	−7.241	0.004
家庭非农劳动力数量	−0.1988 ***	0.0081	−24.413	0.000
对数似然值		58.47		

*** 、 ** 、 * 分别表示估计系数在1%、5%、10%的统计水平上显著。

受教育水平对苹果种植户技术效率有正效应，这说明苹果种植户受教育水平不仅能提高苹果种植户应用新技术的能力，而且能够带动更高水平的人力资本投资。

技术培训对苹果种植户技术效率有正效应，这说明对果农进行栽培技术培训可以有效地提高技术效率。定期参加由专业院校或果业科技推广部门组织的技术培训，对提高苹果种植户能力和经济价值具有重要的工具性作用，使其更加了解农业技术特点，掌握应用技术的能力。

身份背景对苹果种植户技术效率有负效应，这与预期的影响方向不一致。造成负效应的原因可能是如果户主是村干部，那么他面临着时间和资源配置上的替代效应，如果其将时间和精力配置到村庄行政事务的管理上，势必无暇顾及农业经营；同时，由于村级干部拥有更多的资源配置权和寻租机会，其从事农业生产的机会成本会很高，因而导致农业技术效率比较低。

耕地细碎化程度对苹果种植户技术效率有负效应。一般认为，耕地的细碎化耕种使得许多具有不可分性特征的固定投入难以充分发挥作用，从而难以获取规模效益（Wan and Chen，2001）；田埂、沟渠用地的增加降低了农地的有效利用水平（Zhang et al.，1997），以及难以有效控制大规模病虫害的发生、扩散等，从而导致苹果种植户效率上的损失。

家庭非农劳动力数量对苹果种植户技术效率指标有负效应。这显然是苹果种植户的劳动力需要在苹果种植和非农就业之间进行配置（不仅是数量更涉及质量）以追求家庭收益极大化的结果。由于农业和非农就业之间存在着明显的劳动报酬率差异（李实，2003），理性农民在面临更优选择时，会毫不犹豫地做出有利于提高收入的理性选择，以使效用最大化。在农业比较效益过低的情境下，农业资源是净外流的，包括农村大量高素质青壮年劳动力的转移等，这些都使得农业经营相对粗放，从而给生产效率带来损害。

6.5 本章小结

我国苹果已经基本完成以种植面积增加为主的外延型扩张发展，进入以改进质量、提高效率为主的内涵型的提质阶段。中央及苹果主产区政府更加重视苹果产业发展规划和政策支持，逐步引导苹果生产布局向苹果优势区集中，加大矮化栽培技术的集成推广。以此为背景，本章观测了矮化栽培技术在多大程度上提高了生产率，以及影响其效率的主要因素及影响程度。

本章运用 Malquist 指数方法，对不同栽培模式的技术效率、规模效率和全要素生产率进行测算。结果表明，矮化栽培的技术效率、规模效率优势未完全发挥；矮化和乔化两种栽培模式的全要素生产率变化主要来自技术进步、技术效率、规模效率变化的共同作用；矮化栽培和乔化栽培模式下的全要素生产率呈现出波动增长的特征；无论是矮化栽培还是乔化栽培，生产均未达到生产的前沿面。基于 Tobit 模型的回归结果证明，不同栽培模式下农户的技术效率主要受到受教育水平、技术培训、身份背景、耕地细碎化程度、家庭非农劳动力数量等因素的影响。

第 7 章
矮化密植集约栽培技术效率的
区域差异及规模差异分析

7.1 引　言

从第 4~6 章的分析可知，矮化密植集约栽培模式在要素投入结构、要素密集度、技术效率、要素配置效率、规模效率和全要素是生产率等方面都比乔化密植栽培模式具有显著的优势。矮化密植集约栽培技术相比较乔化密植栽培技术而言，又具有劳动节约的典型特征。但是矮化密植栽培模式在提升苹果品质的前提下，与传统的乔化密植栽培模式相比，会诱导苹果种植户增加农业机械、农家肥、化肥等农用生产资料的使用。同样，从资本要素投入角度分析，矮化密植集约栽培模式也同样会对适用机械及操作平台、果园立架设施设备等现代投入要素有更多的需求，即它的可用货币化的固定投入和可变投入都显著高于乔化密植栽培模式。而苹果的栽培效应又受到投入要素结构、密集要素的相对价格或丰裕程度及自然资源条件、气候条件等因素的影响，因而，有必要对矮化密植集约栽培模式的区域差异与规模差异做出进一步的分析，从而对我国苹果矮化密植集约栽培模式的应用与推广效率与效益进行客观评判。

7.2 矮化密植集约栽培区域差异技术经济效益分析

7.2.1 我国苹果种植区分布分析

近 30 年来，我国苹果生产布局发生了明显的变化。环渤海湾和黄土高原两个中国苹果生产优势区占中国苹果种植面积的比重 80% 以上，而且相对比较稳定，但是优势区之间的种植面积和产量贡献份额发生了较大的变化，环渤海湾地区苹果种植面积逐渐减少，其产量贡献份额也随之减少，而黄土高原地区苹果种植面积逐渐增加，其产量贡献份额也大幅度增加。七个主产省苹果种植面积增减不一，主要表现为：环渤海湾地区的辽宁、河北两省的种植面积相对稳定，山东省的种植面积持续减少；黄土高原地区的河南、山西两省种植面积略有增加，陕西、甘肃两省苹果种植面积增加速度较快。其他非苹果生产优势区，如安徽及江苏种植面积相对稳定，四川、云南、贵州等西南冷凉高地地区以及新疆种植面积略有增加。

根据苹果的生物学特性和对气候、土壤等的要求，苹果种植主要分布在我国秦岭、淮河以北地区。苹果性喜冷凉干燥、日照充足、降水不宜过多的气候条件，平均气温 12～18℃ 最适于苹果的生长。其适生区范围广，遍及世界 80 多个国家，我国拥有世界上最大最优的苹果适宜生产区，全国现已形成三大苹果主要生产区：环渤海湾优势区、黄土高原优势区和黄河故道区（杨易和陈瑞剑，2013）。根据农业部发布的《苹果优势区域布局规划（2008–2015年)》①，我国苹果生产主要集中在环渤海湾和黄土高原两大优势产区，其中环渤海湾优势区包括胶东半岛、泰沂山区、辽南、燕山、太行山浅山丘陵区，黄土高原优势区包括陕西渭北和陕北南部地区、山西晋南和晋中地区、河南三门峡地区和甘肃的陇东及陇南地区。

因此，结合现有区域分布划分与本研究需要，本章将我国苹果种植主要生产区划分为环渤海湾优势区、黄土高原优势区与黄河故道区。

7.2.1.1 环渤海湾优势区苹果产业发展特征分析

环渤海湾优势区包括胶东半岛、泰沂山区、辽南及辽西部分地区、燕山和太行山浅山丘陵区，是我国苹果栽培历史最早，产业化水平较高的产区。该区域包括 53 个苹果重点县市，其中山东 25 个、辽宁 14 个、河北 14 个。

该区域地理位置优越，品种资源丰富；加工企业规模大、数量多，市场营销和合作组织比较发达，产业化优势明显；科研和推广技术力量雄厚，果农技术水平较高。该区域的沿海地区夏季冷凉、秋季长，阳光充足，栽培管理水平较高，产量高，出口比例大，是我国晚熟品种的最大生产区；泰沂山区生长季节气温较高，有利于中早熟品种提早成熟上市；燕山和太行山浅山丘陵区自然生态条件良好，光热资源充足，是富士苹果集中产区，且交通运输方便，市场营销条件优越。

---

① 农业部《苹果优势区域布局规划（2008–2015年)》于 2008 年发布，在全国范围内实施。

7.2.1.2 黄土高原优势区苹果产业发展特征分析

黄土高原优势区包括陕西渭北和陕北南部地区、山西晋南和晋中地区、河南三门峡地区、甘肃的陇东及陇南地区，有 69 个苹果重点县市，其中陕西 28 个，甘肃 18 个，山西 20 个，河南 3 个。该区域是改革开放以来迅速发展起来的优生种植区，种植面积最大，产业化水平不断提高的新产区。

黄土高原属干旱半干旱地区，生态环境优越，年降水量 450～850 毫米，海拔高，土层深厚，沟壑纵横，光照充足，昼夜温差大，是世界上最优秀的苹果适生区。该地区苹果生产规模大，集中连片，发展潜力大。由于区域跨度大，生产条件和产业化水平差别明显。以陕西渭北为中心的西北黄土高原地区是我国最重要的优质晚熟品种生产基地和绿色、有机苹果生产基地；陇东、陇南及晋中等地区湿度适宜，是我国重要的优质元帅系品种集中产区。同时，该区域的核心区交通条件便利，是苹果加工产业发展的良好基地。

7.2.1.3 黄河故道区苹果产业发展特征分析

黄河故道区包括河南开封以东、江苏徐州以西的黄河故道及其故道两岸，具体为豫东的开封、商丘、兰考，鲁西南的单县、曹县、菏泽、永城、虞城，苏北的丰县、铜山、沛县和皖北的砀山、萧县 13 个县市区，是 1958 年开始兴建，直到 20 世纪 80 年代末至 90 年代初形成的苹果种植区。

该地区属典型的黄河冲积平原，土层深厚，经过改良后的土壤理化性质与肥力都有了极大的提高，具有雨水充沛，光热资源丰富的区域优势，较其他地区而言，早、中熟苹果品种在该地区具有发展优势。该地区果品产量较高，但其他性状和果品品质较前两个优势区要差。

其他零星种植区，包括四川西部的阿坝、甘孜，云南东北部的昭通，贵州西北部的威宁、毕节，西藏昌都以南和雅鲁藏布江中下游地带。地理位置分布分散，苹果品种单一以早熟为主，规模较小。

7.2.1.4 不同产区苹果产业发展的环境与条件比较分析

从产业发展的自然环境看，我国苹果的三大产区在地理位置上均分布在北温带中纬度，即 $34°\sim40°N$，$103°\sim123°E$（黄土高原优势区 $103°\sim114°E$、黄河故区 $113°\sim115°E$、环渤海湾优势区 $115°\sim123°E$），是苹果树的适生区范围。但从自然环境来看，地区差异比较大，环渤海湾优势区是东亚季风盛行区，四季分明，夏季冷凉、雨水集中，秋季长、冷暖适中、阳光充足，冬季干燥少雨雪；海拔低，年降水量 600～900 毫米；土壤主要是棕壤和褐土。黄土高原优势区是温带大陆性干旱半干旱气候，冬干、春旱、夏热、秋凉；年降水量450～850毫米，且集中在7月、8月，干湿季明显；海拔高，在800～1000米；黄褐土，土层深厚，沟壑纵横；光照充足，昼夜温差大，热量条优件优越。黄河故道区位于豫东、鲁西南和苏北黄河故道的冲积平原，属暖温带大陆性季风气候，冬季寒冷干燥，春季干旱多风，夏季高温多雨，秋季天高气爽，四季分明；年降水量600～900毫米，降水多集中在夏季7月、8月；土壤为潮土，由黄河冲积母质形成，土体深厚，表层质地因水流沉积影响含有砂，pH大于7.5。

从产业发展的条件看，各地区各有优势。环渤海湾优势区地处我国东部的京津冀鲁经济发达地区，经济实力强，交通方便，技术力量雄厚，又是苹果的老种植区，品种资源丰富；加工企业规模大、数量多，市场营销和合作组织比较发达，产业化优势明显；科研和推广技术力量雄厚，果农技术水平较高。黄土高原优势区地处我国西部，有西部大开发政策的支持，经济发展速度较快，苹果种植和加工企业也随之迅速发展，规模不断增大，地方政府政策支持力度大，农户积极性高，劳动力资源丰富，再加之地理位置和气候优势，成为我国苹果种植生产的优生区。黄河故道区地处我国中部，地理位置优越，农业基础好，经过盐碱地的改造，土地肥力极大提高，雨量充沛，产量比较高。

不同的苹果种植区，无论是地理位置、生态环境，或者是社会经济发展的条件，都有着各自的比较优势，如何充分发挥优势、利用有利条件，促进苹果的发展，需要进一步研究分析不同种植区、不同种植规模间的经济效益。

7.2.2　苹果生产成本区域间差异状况

我国苹果种植成本主要分为物质与服务成本、人工成本两部分内容。两部分成本都呈现出逐年上升的态势，尤其是人工成本的投入占苹果生产成本的比例上升速度加快。根据《全国农产品成本收益资料汇编》的数据分析可知，2004～2013年，苹果生产成本总体上呈现阶段增长趋势（图7-1），受金融危机影响，2008年苹果生产成本由于物质费用的降低而略有下降，2009～2013年物质费用与人工费用的涨幅放缓。

更进一步地，依据苹果产业经济研究室2014年11～12月对国家现代苹果产业技术体系的25个综合试验站的监测数据显示：截至2014年底，我国苹果生产成本相对2013年涨幅明显，不同种植区域生产成本也存在明显差异。2014年，全国平均苹果总生产成本约为3987元/亩，较2013年上涨11.18%。

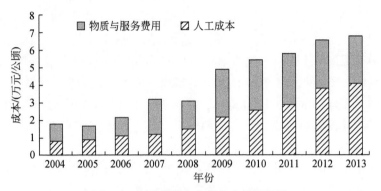

图 7-1　中国苹果生产成本变化趋势图

资料来源：根据《全国农产品成本收益资料汇编》整理。

其中，环渤海湾优势区平均总生产成本为 5007 元/亩，黄土高原优势区平均总生产成本为 3593 元/亩。

截至 2014 年底，全国苹果平均物质成本为 1973 元/亩，与 2013 年相比上升 10.86%，其中，环渤海湾优势区平均物质成本为 2420 元/亩；黄土高原优势区平均物质成本为 1733 元/亩。

从苹果试验站角度分析，不同区域的苹果生产的物质成本表现出显著不同。其中物质成本最高的地区为青岛站，2014 年达到 3833 元/亩；涨幅较大的是宝鸡站和三门峡站，与 2013 年相比分别上涨 43.51% 和 38.84%（图 7-2）。

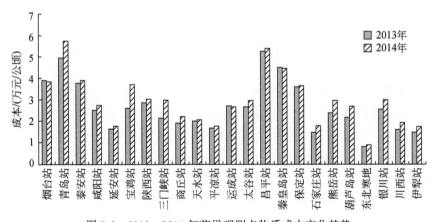

图 7-2　2013 ~ 2014 年苹果观测点物质成本变化趋势

资料来源：根据国家现代苹果产业技术体系综合试验站 2013 ~ 2014 年监测数据整理获得

同时，2014 年全国平均人工成本为 1767 元/亩，与 2013 年相比上涨 12.15%。其中，环渤海湾优势区平均人工成本为 2253 元/亩；黄土高原优势区平均人工成本为 1660 元/亩。

人工成本最高的地区为泰安站，达到 3780 元/亩；葫芦岛站、咸阳站，人工成本涨幅分别为 28.57%、20.03%；而青岛站和石家庄站人工成本较去年分别下降 6.73%、0.50%（图 7-3）。

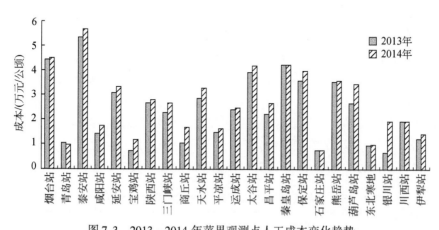

图 7-3　2013～2014 年苹果观测点人工成本变化趋势

资料来源：根据国家现代苹果产业技术体系综合试验站 2013～2014 年监测数据整理获得

以上数据分析表明，我国的苹果栽培区域间成本差异显著，环渤海湾优势区的苹果生产成本最高，其中人工成本上涨最快。烟台、泰安、秦皇岛、熊岳、葫芦岛等试验站所涵盖地区的人工成本最高，其次为黄河故道区，最低的为黄土高原优势区。从物质与服务费用成本角度来看，三大苹果优势区与主产区的物质成本上涨态势明显，其中环渤海湾优势区的物质成本价格最高，且上涨幅度也最大；黄土高原优势区的物质成本价格最低，但是上涨速度很快。从诱致性技术变迁的角度来看，物质成本与人工成本的快速上涨增加了苹果种植户的生产成本，因而从技术需求的角度，果农有可能会产生对新的栽培技术的需求。这也是诱致性技术进步与变迁的主要需求与发展动力。

7.2.3　苹果矮化密植集约栽培模式区域间比较分析

我国苹果种植和产量主要集中在优势区。从环渤海湾优势区与黄土高原优势区来看，苹果种植面积和产量分别占到全国的 86% 和 89.7%。从国家苹果产业规划和发展目标来看，环渤海湾优势区苹果种植面积动态平衡，2015 年重点县苹果面积稳定在 650 万亩，产量在 1000 万吨，分别约占全国的 22% 和 30%；结果园单产达到 2000 千克/亩，优质果率达到 80%，鲜食苹果出口量达到 85 万吨以上，约占全国的 50%，逐步向高档市场推进；苹果浓缩汁出口量占全国总出口量的比例保持在 29% 以上。黄土高原优势区种植面积稳定增长，其中陕西、甘肃向高海拔产区扩张，2015 年重点县苹果种植面积扩大到 1350 万亩，约占全国苹果种植总面积的 45%，苹果总产量达到 1700 万吨，约占全国的 50%；结果园单产提高到 1750 千克/亩以上，优质果率达到 60% 以上；加工比例占总产量的 40%；鲜食苹果出口量提高到 34 万吨，约占全国的 20%，苹果浓缩汁出口占全国总出口量的比例保持在 70% 以上。

苹果三大产区集中了我国苹果的主要产量，产出量和优质果的比例是衡量苹果生产效益的重要标志。由于三大产区的气候、土壤、海拔、光照等地理生态环境因素的差异，产出结构果品品质和效益都会有变化，就苹果矮化密植集约栽培模式下，以 2009~2011 年苹果产业研究室连续 3 年跟踪样点调查数据（$n=59$），对三大产区的果品品质和效益进行比较（表 7-1）。

表 7-1　三个优势区矮化密植集约栽培模式苹果品质和效益对比分析

产区	产出效益	2009 年	2010 年	2011 年	平均值
环渤海湾优势区 （$n=24$）	1 级果/（千克/亩）	1718.79 (365.62)	1608.04 (446.31)	1894.97 (449.55)	1802.53 (387.53)
	2 级果/（千克/亩）	923.87 (301.44)	785.68 (269.89)	767.26 (307.82)	803.15 (293.05)
	合计/（千克/亩）	2642.66 (327.11)	2393.72 (407.63)	2662.23 (352.23)	2566.20 (362.32)
	收益/（元/亩）	7310.75 (1152.90)	7615.37 (1123.37)	7844.34 (906.41)	7590.15 (1011.13)
黄土高原优势区 （$n=7$）	1 级果/（千克/亩）	1533.34 (375.11)	1507.14 (355.52)	1945.24 (322.13)	1661.91 (336.56)
	2 级果/（千克/亩）	620.50 (255.79)	552.50 (274.87)	663.00 (246.02)	632.67 (250.83)
	合计/（千克/亩）	2109.46 (563.11)	2058.64 (630.38)	2608.24 (763.14)	2122.26 (652.21)
	收益/（元/亩）	6929.79 (786.38)	6763.75 (462.88)	8454.79 (1173.66)	7382.77 (940.83)

产区	产出效益	2009 年	2010 年	2011 年	平均值
黄河故道区 （$n=28$）	1 级果/（千克/亩）	2182. 87 (671. 27)	1942. 32 (584. 48)	2278. 77 (513. 15)	2238. 54 (545. 14)
	2 级果/（千克/亩）	801. 05 (428. 89)	730. 23 (667. 02)	656. 13 (527. 60)	729. 13 (540. 05)
	合计/（千克/亩）	2983. 93 (880. 02)	2672. 14 (999. 20)	2934. 80 (832. 20)	2863. 78 (915. 94)
	收益/（元/亩）	7100. 60 (1236. 63)	8125. 61 (1410. 58)	8884. 07 (1452. 13)	8036. 76 (1366. 45)

注：1 级果直径≥70 厘米；2 级果直径<70 厘米；表中数据为样本平均值，括号内为样本标准差。总平均值的计算，由于自然灾害个别样本数据缺失，采用加权均值的方法计算。

若用 1 级果率作为优果率，环渤海湾优势区、黄土高原优势区和黄河故道区的优果率分别是 0.7024、0.7831 和 0.7817，对于不同产区优果率的差异性进行列联表 χ^2 检验，$\chi^2 = 10.375 > \chi^2_{0.01}(2) = 9.210$，$p < 0.01$，达到了极显著水平。从优果率看，黄土高原优势区的优果率最高，黄土高原优势区和黄河故道区差异较小，但两者均极显著地高于环渤海湾优势区。从 1 级果的标准差看，以小到大的次序为：黄土高原优势区<环渤海湾优势区<黄河故道区，黄土高原优势区的最小，说明果园的优果率稳定。

以每亩果园的收益作为指标，利用 2011 年的调查数据，对 3 个不同产区的效益差异显著性检验的方差分析，结果见表 7-2。

表 7-2　不同产区的效益差异显著性检验

变差来源	离差平方和	自由度	均方	F 值	显著性
产区间	186. 50	2	93. 25	2. 85 *	$F_{0.05}(2, 56) = 3.15$
误差	1 832. 06	56	32. 72		$F_{0.10}(2, 56) = 2.39$
总和	2 018. 56	58	—	—	

* 表示 $p<0.10$。

从效益看在显著水平为 0. 10 条件下，存在一定的差异，但未达到 0. 05 的显著水平，这是由于样本的标准差比较大。若用收益的变异系数来分析，变异系数 ν 定义为

$$\nu = \frac{\sigma}{\overline{X}} \tag{7-1}$$

式中，σ，$\overline{X}$ 分别为标准差和平均数。

三地收益的变异系数分别为：黄土高原优势区 $v = 0.1274 <$ 环渤海湾优势区 $v = 0.1332 <$ 黄河故道区 $v = 0.1700$，黄土高原优势区变异系数最小，表示农户果园的经济效益和果品质量相对稳定，黄河故道区变异系数最大，说明农户果园的经济效益和果品质量差异很大。

从以上的分析可知，三大苹果产区经济效益存在一定的差异（$p < 0.10$），黄土高原优势区的优果率最高，经济效益也比较稳定。究其原因，除了经济、技术、管理等因素外，黄土高原优势区有其得天独厚的自然条件：海拔较高，多在1000米以上；日照时间长，阳光充足；昼夜温差大，光合作用充分，有利于果实的糖分积累，因而果品质量普遍较高。黄河故道区的优果率和效益的标准差最大，说明不同果园的优果率差异较大，质量和效益不稳定。环渤海湾优势区虽然没有黄土高原优势区海拔的优势，但同属 $34 \sim 40°N$，气候差异不大，交通方便、技术先进，种植效益较高，与黄土高原优势区同属苹果优势区。

7.2.4 矮化密植集约栽培模式及其产出效益影响因素分析

影响苹果产出效益的因素有很多，既有投入要素，又有生态环境、自然条件、社会等诸多因素，是一个相当复杂的过程与因果关系。经济学家以投入要素分析对产出的影响，提出了许多有效的模型与方法，如 C-D 生产函数，用投入要素等经济和社会因素预测、估计和控制产出效益。而生物学家则多从生态环境和自然条件入手，研究其对苹果产出的影响，寻找影响产出的主导因子，促进苹果产出效益的增加。本研究期望寻找影响苹果产出效益的主导因子，与生物学家目的类似，所以选择线性模型进行分析。

以产出效益为说明变量（因变量 y），解释变量（自变量 x）不仅包含环境生态自然条件因素，也有社会经济因素。x_1：果园主人的文化程度（1＝没上学，2＝小学，3＝初中，4＝高中/中专，5＝大专及以上）。x_2：管理水平（果园主人的科技意识，参加技术培训次数）。x_3：降水量（毫米）。x_4：海拔（米）。x_5：平均气温（℃）。x_6：光照时间（小时）。x_7：果园面积（亩）。x_8：化肥投入（元/亩）。x_9：有机肥投入（元/亩），采用多元线性模型（7-2）做回归分析，研究其影响产出效益的主导因子。

$$y = \beta_0 + \beta_1 x_{1i} + \cdots + \beta_{pi} + \varepsilon_i \qquad (7\text{-}2)$$

式中，ε_i，表示随机误差，且服从正态分布；β_j 为待估参数，$j = 0, 1, \cdots, p = 9$，表示自变量个数；$i = 1, 2, \cdots, n$，n 为样本容量。

矮化密植集约栽培品种主要是红富士苹果，应用 2009～2011 年连续 3 年的样本面板数据做回归分析。由于 x_2 是指参加科技培训的次数，为计数数据，首先做开平方变换，然后对说明变量（因变量）和所有解释变量（自变量）数据做标准化变换处理，消除不同量纲的影响，回归结果如表7-3所示。

复相关系数 $r = 0.4678$（$p<0.05$），达到显著水平。从偏相关检验可以看出，降水量、平均气温、化肥投入均未达到显著水平，主要是三大产区处于相同的纬度，气候条件类似，化肥使用量按标准执行，样本数据基本无较大变化所致。海拔、光照时间和有机肥投入达到显著水平（$p<0.05$），是影响效益的显著因素，充分说明黄土高原优势区海拔较高，光照充足，昼夜温差大，提高了苹果的品质；土地投入（果园面积）和管理水平对产出效益也有一定的影响（$p<0.10$），是影响效益的重要因素，这也是黄土高原优势区优果率高于其他产区的主要原因。

表7-3　矮化密植集约栽培模式及其产出效益影响因素回归分析表

变量名	参数估计值	偏相关性 t 检验	概率 p 值
β_{j0}：常数项	$\hat{\beta}_0 = 1.6845$		
x_1：果园主人的文化程度	$\hat{\beta}_1 = 0.0301$	$t = 0.1357$	0.9011
x_2：管理水平	$\hat{\beta}_2 = 0.5621^*$	$t = 1.6450$	0.1000
x_3：降水量	$\hat{\beta}_3 = 0.1700$	$t = 0.7561$	0.5100
x_4：海拔	$\hat{\beta}_4 = 0.6101^{**}$	$t = 1.7036$	0.0390
x_5：平均气温	$\hat{\beta}_5 = -0.0741$	$t = 0.2960$	0.8026
x_6：光照时间	$\hat{\beta}_6 = 1.0312^{**}$	$t = 1.9821$	0.0283
x_7：果园面积	$\hat{\beta}_7 = 0.6203^*$	$t = 1.7450$	0.0900
x_8：化肥投入	$\hat{\beta}_8 = 0.3102$	$t = 0.5246$	0.6870
x_9：有机肥投入	$\hat{\beta}_9 = 0.9506^{**}$	$t = 1.9630$	0.0390

* 表示 $p<0.10$；** 表示 $p<0.05$。

线性回归方程

$$\hat{y} = 1.6845 + 0.0301x_{1i} + 0.5621x_{2i} + 0.1700x_{3i} + 0.6101x_{4i} + 0.0741x_{5i}$$
$$+ 1.0312x_{6i} + 0.6203x_{7i} + 0.3102x_{8i} + 0.9506x_{9i} \quad\quad (7\text{-}3)$$

多元线性回归分析自变量之间的相关性，即所谓的共线性，在研究以解释变量（自变量）控制或者预测说明变量的估计值时是需要考虑的。避免共线性的方法，一是在选择自变量时注意选择相互独立的变量做回归分析；二是在统计学中一般可以采用主因子分析方法或旋转回归设计方法把自变量转换为互不相关的主成分进行回归。主成分（主因子）是数学上相互独立的因子，但是从生物学、物理学和社会经济等学科却无法得到明晰的解释，给实际应用带来一定的困难。也可以采用逐步回归分析方法，剔除不显著的因子，最后留下的为显著因子。本研究仅是分析影响苹果矮化栽植效益差异的原因，在自变量的选择上注意使之尽量没有或者少有交互作用，就像海拔（x_4）和平均气温（x_5）在一般情况下，从生物物理方面是有交互作用的，但是环渤海湾优势区、黄土高原优势区和黄河故道区地理位置均处在 32～40°N，温度变化不大，在本研究中也是不显著因子，会被剔除。另外，也不需要对经济效益（因变量）做预测和控制，所以就没有进一步考虑自变量之间的相关性。

7.2.5　苹果矮化密植集约栽培不同区域投入结构对比分析

以三大苹果优势产区的矮化密植集约果园的连续 3 年实地调查，将各项成本投入成本换算为货币投入（表 7-4），可以看出三地果农的投入成本，虽然在随着物价指数的增长投入在增加变动，但三地果园的投入结构存在明显差异。就平均固定投入和可变投入（不含用工费用）计算，环渤海湾优势区为1451.36 元/亩，黄土高原优势区为 733.04 元/亩，黄河故道区为 1047.69 元/亩。经方差分析，$F = 5.16 > 4.98 = F_{0.01}(2, 56)$，表明三地的固定投入和可变投入存在极显著的差异。黄土高原优势区的投入成本最小，是环渤海湾优势区的 1/2，是黄河故道区的 2/3。主要表现为肥料投入极显著的差异，这也说明了环渤海湾优势区的土地肥力明显下降。

在人力资本稀缺，劳动力费用不断提高的情况下，黄土高原优势区平均用工量仅为 20.31 工日/亩，是环渤海湾优势区的 62.7%，是黄河故道产区的71.2%（表 7-4），其用工量比环渤海湾优势区和黄河故道区分别节约 12.09个工日和 8.20 个工日，按当时平均工价 60 元/工日计算，可分别节省投入725.40 元/亩和 492.00 元/亩，均显出较强的优势，明显地提高了产出效益。

表 7-4　三大苹果主产区的矮化密植集约栽培模式单位面积投入结构对比分析

苹果主产区	年份	指标				
		肥料 /（元/亩）	农药 /（元/亩）	人工 /（工日/亩）	套袋 /（元/亩）	其他投入 /（元/亩）
环渤海湾优势区 （$n=24$）	2009	772.87 (129.78)	256.21 (50.89)	30.85 (5.56)	190.63 (47.58)	60.72 (12.29)
	2010	868.35 (138.03)	290.60 (55.16)	32.05 (5.44)	214.79 (51.96)	64.09 (12.32)
	2011	971.39 (149.43)	333.47 (59.05)	34.30 (5.41)	261.90 (57.18)	69.14 (14.10)
	平均	870.87 (139.08)	293.43 (55.03)	32.40 (5.47)	222.43 (52.24)	64.64 (12.90)

（左侧竖排）苹果矮化栽培模式技术经济评价研究

苹果主产区	年份	指标				
		肥料/(元/亩)	农药/(元/亩)	人工/(工日/亩)	套袋/(元/亩)	其他投入/(元/亩)
黄土高原优势区(n=7)	2009	351.23(63.46)	209.53(29.80)	19.70(2.03)	26.92(21.34)	25.88(5.15)
	2010	390.24(72.01)	227.61(33.07)	18.86(1.80)	24.24(14.91)	26.91(5.92)
	2011	543.79(92.66)	309.74(41.63)	22.37(2.21)	32.08(18.39)	31.01(6.29)
	平均	428.41(76.04)	248.96(34.83)	20.31(2.01)	27.74(18.21)	27.93(5.79)
黄河故道区(n=28)	2009	461.35(73.77)	351.61(51.78)	27.69(4.17)	125.38(45.22)	35.58(7.61)
	2010	496.45(73.92)	380.44(54.12)	27.38(3.86)	108.13(20.91)	40.02(8.43)
	2011	498.66(70.95)	412.24(53.91)	30.48(3.79)	190.77(58.34)	42.50(8.94)
	平均	485.48(72.88)	381.43(53.27)	28.51(3.94)	141.42(41.49)	39.36(8.33)

注：括号中的数字为标准差。

7.2.6　矮化密植集约栽培模式要素密集度对比分析

本节以劳动力、土地和可变资本 3 个主要要素的投入，以及要素密集度的对比分析，研究生产要素在三个不同产区对苹果产出效益的影响与作用。

在本研究中，要素密集度是生产活动中投入要素之间的相对比重，其中投入的要素包括土地、劳动力、资本（固定资产）等。劳动/资本密集度是指家庭劳动者人数与生产性固定资产的比重；劳动/土地密集度是指家庭劳动者人数家庭拥有苹果园面积的比重；资本/土地面积度是指家庭拥有的生产性固定资产与家庭拥有苹果园面积的比重（邵砾群等，2014）。

以劳动投入、可变物质成本和土地投入成本分别作为衡量、测定生产投入的劳动、资本和土地要素，对三个不同产区苹果矮化密植集约栽培模式要素密集度的对比分析，结果如表 7-5 所示。环渤海湾优势区要素密集度次序为土地>资本>劳动，黄土高原优势区要素密集度依次为土地>资本=劳动，黄河故道区要素密集度依次为土地>劳动>资本。结果表明三个不同产区的共同点是在生产活动中土地要素相对密集且比重较大。土地要素是苹果生产活动中最重要的投入要素，影响着矮化密植集约栽培模式的效益，这与影响效益因素的分析相一致。环渤海湾优势区资本要素密集度大于劳动要素密集度，说明该地生产力水平较高。由于环渤海湾优势区地处东部且沿海，信息技术发达，资金比较充足，资本投入促进了新技术的应用，发挥了矮化密植集约栽培模式的优势。黄土高原优势区资本要素密集度和劳动要素密集度相当，该产区苹果种植面积在稳步扩大，非常重视新技术的引进与应用，生产水平和果品质量在不断提高。黄河故道区劳动要素密集度大于资本要素密集度（其比值=1.28），说明其生产力水平需要继续提高。随着经济的发展，人工成本的上涨，即传统要素成本——土地、劳动力持续上涨，如2011年度人工成本上涨了18.41%，而且逐年还在上涨，人口红利在急剧减小，必然推动以要素密集投入的外延式发展向以技术进步为特征的内涵式发展模式转变。

表7-5　三大苹果主产区生产要素密集度比较分析

苹果主产区	年份	指标		
		劳动/资本	劳动/土地	资本/土地
环渤海湾优势区	2009	0.44（0.10）	0.51（0.06）	0.03（0.01）
	2010	0.48（0.12）	0.51（0.06）	0.03（0.01）
	2011	0.47（0.08）	0.51（0.06）	0.03（0.01）
	均值	0.46（0.10）	0.51（0.06）	0.03（0.01）
黄土高原优势区	2009	0.93（0.72）	0.39（0.05）	0.02（0.01）
	2010	0.93（0.60）	0.39（0.05）	0.02（0.00）
	2011	0.95（0.61）	0.39（0.05）	0.02（0.00）
	均值	0.94（0.64）	0.39（0.05）	0.02（0.00）
黄河故道区	2009	1.08（0.75）	0.40（0.06）	0.01（0.00）
	2010	1.50（0.75）	0.40（0.06）	0.01（0.00）
	2011	1.27（0.90）	0.40（0.06）	0.01（0.00）
	均值	1.28（0.81）	0.40（0.06）	0.01（0.00）

注：表中括号内数据为样本标准差。

7.2.7　苹果矮化密植集约栽培不同区域纯收入分析

平均收入和平均成本之间的差额记作平均利润，三个产区平均利润分别是：环渤海湾优势区=4554.79元/亩<黄河故道区=5278.47元/亩<黄土高原优势区=5431.12元/亩。黄土高原优势区的利润明显地高于其他产区，这不仅由于其地理生态环境的优势，更重要的一点是黄土高原地处西部欠发达地区，

人力资源相对比较丰富，劳动力充足，极大地节约了人力成本的投入，是人口红利的充分体现。

7.3 矮化密植集约栽培模式规模差异技术经济效益分析

在当前经济发展状态下，农村经济组织形式有农村家庭责任承包户、家庭农场和农民专业生产合作社 3 种经营形式并存，苹果种植以承包户为主，果园规模比较小。虽然也有一些规模较大的果园，或以家庭农场模式，或加入苹果专业合作社，但基本生产单位多为家庭责任承包户，果园面积较小。根据 2012 年 3 ~ 6 月对环渤海湾优势区辽宁省、河北省、山东省的 59 个苹果生产基地县和黄土高原优势区陕西省、甘肃省、山西省、河南省的 63 个苹果生产基地县的 635 个样本点的资料统计，苹果园面积 8 亩以下的有 355 户，占 55.91%，8 ~ 20 亩的有 253 户，占 39.84%，20 亩以上的有 27 户，仅占 4.25%。我国的矮化密植集约栽培是在近几年逐步推广展开的，但多是在原来乔化果园更新的基础上建立起来的，在调查的 635 个样点中，矮化密植集约果园仅有 59 个。

7.3.1 矮化密植集约栽培模式规模差异的产出效益分析

由表 7-6 的分析结果可以看出，果园面积的大小是影响矮化果园产出经济效益的显著因素，其偏相关系数极显著，说明种植规模对产出效益有着显著的影响。矮化密植集约栽培新技术正在广大农村推广应用，但是面积都比较小，调查的 635 户果农的家庭果园，矮化密植集约果园只有 59 户，其中果园面积 8 亩以下的有 54 户，8 ~ 20 亩的仅有 5 户，20 亩以上的还没有（表 7-6）。

表 7-6　不同种植规模的经济效益分析

果园面积	产出效益	2009 年	2010 年	2011 年	平均值
8 亩以下 （n = 54）	1 级果/（千克/亩）	1891.93 （517.35）	1802.08 （519.46）	2136.95 （522.06）	1943.65 （564.62）
	2 级果/（千克/亩）	613.71 （608.77）	591.02 （519.06）	590.36 （426.57）	598.36 （518.53）
	合计/（千克/亩）	2505.63 （660.81）	2393.10 （609.31）	2727.31 （532.75）	2542.01 （600.46）
	收益/（元/亩）	6757.72 （1115.60）	7932.33 （1249.81）	8045.67 （1170.94）	7578.57 （1178.78）

果园面积	产出效益	2009 年	2010 年	2011 年	平均值
8～20 亩 （$n=5$）	1 级果/（千克/亩）	1595.83 (209.54)	1953.15 (556.32)	1760.42 (437.13)	1797.79 (401.00)
	2 级果/（千克/亩）	229.18 (45.83)	281.95 (138.20)	369.45 (78.21)	293.53 (87.41)
	合计/（千克/亩）	1825.01 (391.67)	2235.10 (424.22)	2129.87 (252.90)	2091.32 (356.26)
	收益/（元/亩）	6381.66 (1003.60)	8699.58 (1034.41)	9658.33 (1041.92)	8246.52 (1026.64)

注：1 级果直径≥70 厘米；2 级果直径<70 厘米；表中数据为样本平均值，括号内为样本标准差。

仍然以 1 级果为优果，果园面积 8 亩以下的平均优果率为 0.7646，8～20 亩的平均优果为 0.8596，对于不同规模优果率的差异性进行列联表 χ^2 检验，$\chi^2 = 4.026 > \chi_{0.05}^2(1) = 3.841$，（$p < 0.05$），说明果园面积在 8～20 亩的优果率显著地高于 8 亩以下的果园。

对比矮化果园不同规模的经济效益，果园面积 8 亩以下的平均收益为 7578.57 元/亩，而 8～20 亩的平均收益为 8246.52 元/亩，后者高出前者 667.95 元/亩。由 59 个矮化果园样本提供的数据，对 2 种不同规模的平均收益进行差异显著性的 t 检验，$t = 0.583 < 1.671 = t_{0.05}(57)$，说明不同规模从总体效益差异未达到显著水平。究其原因主要是 2 种规模内部果园收益之间的方差很大，说明同一规模内部不同果园的平均收益差别较大，影响了不同规模间平均产出效益的显著性。

虽然两种不同规模果园之间平均收益差异不显著，但是规模的扩大显著地提升了优果率，可能是果园规模的扩大有利于新技术和新机械的应用等规模以外因素的影响，使得收益提高了 667.95 元/亩。如果再考虑果园的规模（面积）大小，规模的扩大，总收益自然也就随之增大，显示出规模的效益。

7.3.2 矮化密植集约栽培模式规模差异投入结构对比分析

仅从收益分析不同规模间的效益仅是问题的一个方面，重要的还必须从投入和投入结构对比作分析，才能得到真正的产出效益。将各项成本投入成本换算为货币投入（表7-7），2 种规模的平均固定投入和可变投入（不含用工费用）分别为 1313.26 元/亩和 849.58 元/亩，8～20 亩果园的每亩平均投入仅为 8 亩以下果园的 2/3，存在显著差异。仅就肥料投入一项作 t 检验，$t = 1.756 >$

$1.671 = t_{0.05}(57)$，达到显著水平（$p < 0.05$）。充分说明果园面积的增大显著地节约了各项投入成本，也显现出经营的效益。

表 7-7　不同规模矮化密植集约栽培模式单位面积投入结构对比分析

苹果优势区	年份	指标				
		肥料/(元/亩)	农药/(元/亩)	人工/(工日/亩)	套袋/(元/亩)	其他投入/(元/亩)
8 亩以下（$n=54$）	2009	673.67（117.28）	314.03（52.32）	33.19（5.18）	145.65（43.91）	49.22（11.68）
	2010	738.57（128.07）	344.35（55.26）	33.60（4.98）	163.46（48.05）	50.12（11.73）
	2011	797.05（136.32）	396.64（56.83）	36.70（4.79）	210.92（56.59）	56.15（13.07）
	平均	736.43（127.22）	351.67（54.82）	34.49（4.98）	173.34（49.52）	51.82（12.16）
8～20 亩（$n=5$）	2009	387.97（69.74）	215.34（28.97）	18.97（2.89）	95.22（44.99）	33.98（6.94）
	2010	435.81（75.21）	241.85（32.86）	18.60（2.02）	77.67（28.64）	38.98（8.42）
	2011	558.68（99.72）	291.68（38.98）	21.29（2.58）	131.39（52.76）	40.26（8.07）
	平均	460.81（81.56）	249.62（33.60）	19.62（2.50）	101.42（42.13）	37.73（7.81）

从劳动力投入看，规模 8～20 亩的果园每亩平均用工投入仅是 8 亩以下果园的 53.5%，节约劳动力近一半，平均每亩少投入 14.87 个工日。按当时平均工价 60 元/工日计算，可节省投入 892.20 元/亩，显示出较强的优势，明显地提高了产出效益。

7.3.3　规模差异的纯收入分析

综合考虑投入和产出及其利润，8 亩以下果园的每亩平均纯利润为 4195.91 元，8～20 亩每亩平均纯利润为 6399.74 元。对 2 种规模之间的差异性进行 t 检验，结果 $t = 8.305 > 2.390 = t_{0.01}(57)$，达到极水平（$p < 0.01$），说明规模 8～20 亩的矮化密植集约果园每亩平均利润远远高于 8 亩以下的果园。

7.4 本章小结

从本章的分析可知，矮化密植集约模式下，不同种植区苹果产出效益的利润差异显著，黄土高原产区的收益利润最高。从地理位置、环境气候看，我国三大苹果产区均为苹果的适生区，但果品质量还是有明显差异，由于海拔、光照时间和有机肥投入是影响果品质量的重要因素，黄土高原具备了海拔高、光照时间长昼夜温差大的优势，加之有机肥的使用，果品质量明显高于其他产地。农户果园的平均优果率最高、成本投入最低、利润最高，经济效益和果品质量相对稳定，更加说明黄土高原是我国苹果的优生区。生产要素的密集度分析，符合三地的生产力发展水平，显示出了各地发展矮化密植集约栽培模式的优势。

在矮化密植集约栽培模式的生产活动中，三大苹果生产区的土地要素相对密集且比重较大，土地要素是苹果生产活动中最重要的投入要素。8～20亩规模的矮化密植集约果园平均利润为6399.74元/亩，是规模为8亩以下果园的1.53倍；而每亩平均投入为2026.78元，仅是规模为8亩以下果园的59.91%，也说明果园的规模大小是显著地影响着矮化密植集约栽培模式的效益。那么果园的规模多大时其效益最佳呢，由于较大面积的矮化密植集约果园在我们调研的对象中很少，几乎没有，所以本研究仅对20亩以下规模的果园做了对比研究。但可以借鉴家庭农场研究的结果，适度规模经营时的效益最佳，最佳规模在100亩左右最好，总的原则是经营规模和管理一定要适应当前我国生产力发展水平，才能发挥出最大的效益。在我国，果园也是以家庭经营为主，所以家庭农场的研究结果很值得借鉴。当然还需要根据苹果产业发展的具体情况进一步研究果园规模的最佳效益。

随着改革开放的深入发展，城镇化的推进和城乡一体化的协调发展，劳动力成本不断上涨，必然促进苹果产业不断向高技术、机械化、规模化的趋势发展，矮化密植集约栽培模式顺应生产力发展的水平，必将成为我国苹果产业发展的方向。

第 8 章
结论与建议

8.1 主要研究结论

苹果矮化密植集约栽培技术的应用与推广是推动我国苹果产业发展的重要驱动力，其制度的经济效益与效率的评价是一个包含对要素需求、技术效率、规模效率、技术贡献等不同制度内涵分析过程的整体概念。本书在构建苹果矮化密植集约栽培制度技术评价理论分析框架的基础上，对苹果乔化栽培模式和矮化栽培模式进行了对比分析。从要素禀赋与诱致性技术变迁的角度，研究了苹果矮化栽培模式在我国苹果栽培技术进步与现代苹果产业发展中的技术内涵与要素特征，深入全面地对矮化密植集约栽培模式进行技术经济评价，从而找出制约这种栽培技术在苹果产业发展中的规模应用与推广的瓶颈所在。根据研究结果可以得出如下结论。

8.1.1 建立苹果矮化密植集约栽培制度技术经济评价体系

本书将诱致性技术变迁理论、创新理论与苹果栽培技术进步经济评价相结合，系统分析苹果矮化密植集约栽培模式的定义、特征及属性、分类方法及典型类型，影响苹果矮化密植集约栽培模式推广及绩效的外生系统及外生因素、内生系统及内生因素，以及苹果矮化密植集约栽培模式推广绩效的测度方法与模型，以乔化密植栽培模式为对比，从要素需求、经济效益、技术效率、规模效率与全要素生产率等方面进行全面评价。

8.1.2 苹果栽培制度对栽培模式、技术选择模式、生产效率具有决定性影响

苹果栽培制度的变迁随着生产力的发展、生产水平的提高、生产要素的变

化，尤其是土地资源要素和劳动力资源要素变得越来越紧缺，以及消费者收入的增加对苹果的品质和数量需求的提高，促使苹果栽培制度向节约紧缺资源要素和高效优质的苹果矮化密植集约栽培模式演变。其演变规律表现为，苹果栽培由乔化向矮化变迁，栽培模式由乔化稀植—乔化密植—矮化密植集约变迁，管理由粗放转向精细，走向集约高效。新技术、新机械的应用极大地提高了苹果产业的生产效率，矮化密植集约栽培模式代表着苹果产业发展的方向。世界苹果栽培制度已经基本完成了从乔化稀植—乔化密植—矮化密植集约模式的变迁过程。

世界苹果矮化栽培面积已经达到苹果栽培总面积的70%～80%，而我国仅占10%，存在较大的差距。资本与土地投入及配套技术缺乏是制约我国矮化密植集约栽培模式发展的瓶颈。世界发达国家在苹果制度发展演变过程中，注重优良矮化砧木和苹果优良品种的培育、新技术应用、省力机械的研发与制造、集约高效的管理，这些都是值得我们借鉴的。改革开放以来，我国经济快速发展，农业现代化建设加速，农业新技术得到广泛推广应用，农民素质的提高和科技意识的增强，为我国苹果产业的发展、栽培制度的变迁提供了基础和条件。

8.1.3 矮化密植集约栽培制度是现代要素投入密集的栽培制度

基于要素视角分析矮化密植集约栽培模式与乔化密植栽培模式对投入要素需求的特征及其影响因素，结果表明：

第一，苹果矮化密植集约栽培模式比乔化栽培模式具有明显的劳动节约效应。与传统乔化栽培技术相比，矮化密植集约栽培模式单位面积需要的劳动投入较少，具有明显的劳动节约效应，单位面积比乔化栽培技术模式少使用7.0%的劳动力。

第二，苹果矮化密植集约栽培模式对现代农业要素投入的要求更高。与传统栽培技术相比，矮化密植集约栽培品种每单位面积多使用2.7%的农家肥、4.0%的机械和3.6%的化肥。这说明矮化密植集约栽培品种要求更多的机械投入、化肥和农家肥投入，意味着矮化密植集约栽培模式比传统栽培模式对机械与肥料的反应更加敏感。反映出在目前的技术条件下，劳动、农家肥、机械、化肥四种要素主要体现为互补关系。上述4项增和减的变化均达到极显著水平（$p<0.01$）。

8.1.4 矮化密植集约栽培模式具有劳动节约与资本、技术密集特征

对矮化密植集约栽培模式与乔化密植栽培模式进行技术经济效益分析结果

表明：

第一，矮化密植集约栽培模式具有早期丰产、技术含量高、节约劳动力与土地资源的优点。与乔化栽培模式相比，矮化密植集约栽培模式的技术进步率提高了31.18%，其科学技术贡献率为63.38%，单位面积（亩）可节约7.7个劳动力。同时，植株矮，有利于机械化操作和科学管理。

第二，矮化密植集约栽培模式属资本密集型栽培模式，资本投资效益高，且资本对劳动的替代效应明显。与传统的乔化栽培模式相比，矮化密植集约栽培模式单位面积（亩）平均可变资本投入，以货币计算，虽然较乔化密植栽培模式高出31.69%，若扣除劳动力的节约（31.27%），几乎相当。矮化密植集约栽培模式单位面积（亩）平均净收益是乔化的1.86倍，高出近90%。投入产出比是乔化密植栽培模式的1.5倍。

第三，资本投入是充分发挥矮化密植集约栽培模式技术优势的关键。在矮化密植集约栽培模式的成本投入结构中，有机肥、化肥、农药、机械折旧、燃油等投入费用等单位面积（亩）可用货币量化的固定投入和可变投入虽然高于乔化密植栽培模式，但劳动力和土地投入大量节约，科技含量和技术贡献率提高，生产效益和投入产出比也显著地提高。要想充分发挥出矮化密植集约栽培模式的技术优势，必须引导果农加大资本投入，保障果园的经济密集管理。

8.1.5 矮化密植集约栽培模式尚未达到生产前沿面

运用DEA-Malquist指数方法对不同栽培模式的技术效率、规模效率和全要素生产率进行测算，结果表明：

第一，在我国当前条件下，矮化栽培的技术效率、规模效率优势未完全发挥。矮化栽培模式的全要素生产率变化主要来自技术进步、技术效率、规模效率变化的共同作用，全要素生产率呈现出波动增长的特征，但是生产仍未达到生产的前沿面。样本数据测算结果显示，矮化密植集约栽培模式的指标变化甚至低于乔化密植栽培模式。具体表现为：劳动投入和机械投入主要为互补关系，即在矮化密植集约栽培模式下，果园生产和管理过程中，机械对劳动的替代不明显。造成这一结果的原因：一是我国的苹果种植户仍然以小规模经营为主，果园机械及技术装备的使用存在规模不经济问题；二是与苹果产业发达国家相比，我国果园机械及技术装备供给方面存在专业化程度低、智能化程度低、价格及投入成本高等突出问题，果园机械及技术装备使用的劳动替代效应不显著；三是果园机械及技术装备具有资本密集型特征，但苹果种植户普遍面临融资渠道单一、融资难度大、融资成本高等问题。因而现实状况是，我国果园生产、管理中耗费劳动投入的主要生产环节，如疏花疏果、果树修剪、套袋摘袋、苹果转果、采摘等仍然以人工投入为主。这导致了矮化密植集约栽培模式技术效率、规模效率也没有得到充分体现，甚至低于乔化密植栽培模式的反常现象。

第二，基于 Tobit 模型的回归结果证明，不同栽培模式下农户的技术效率主要受到户主受教育水平、是否参加技术培训、家庭身份背景、苹果园细碎化程度、家庭非农劳动力数量等因素的影响。果农教育程度对于苹果种植户生产效率有显著的正效应，参加技术培训对技术效率有正的影响，而家庭身份背景、苹果园细碎化程度、家庭非农劳动力数量对规模效率产生显著负效应。

8.1.6 矮化密植集约栽培模式区域差异与规模效益差异显著

本书选择我国的黄土高原优势区、环渤海湾优势区和黄河故道区三大苹果生产区，深入研究了矮化密植集约栽培技术效率的区域差异及规模效益，结果表明：

第一，矮化密植集约栽培模式在不同种植区苹果产出效益的利润上差异显著，平均每亩利润从大到小顺序为：黄土高原优势区（5431.12 元）>黄河故道区（5278.47 元）>环渤海湾优势区（4554.79 元）。三大产区优果率差异极显著，平均优果率以大到小的次序为：黄土高原优势区（0.7831）>黄河故道产区（0.7817）>环渤海湾优势区（0.7024），但是优果率的变异系数黄土高原优势区最小（0.1274），环渤海湾优势区次之（0.1332），黄河故道优势区最大（0.1700），明显地大于另外 2 个优势区，说明黄土高原优势区和环渤海湾优势区果品质量稳定。

第二，影响果品质量和苹果产出效益的显著环境气象与生态因素是光照时间、有机肥使用和海拔。由于我国的三大苹果生产区均位于 34°～40°N 的苹果适生区，其平均气温、降水量等因素接近或相似，所以显著因子表现为光照、有机肥和海拔。

第三，矮化密植集约栽培模式规模效益显著。对三大苹果产区不同规模矮化密植集约栽培果园研究，发现 8～20 亩规模的矮化密植集约果园平均利润为6399.74 元/亩，是规模为 8 亩以下矮化密植集约果园的 1.53 倍。每亩平均投入仅是规模为 8 亩以下矮化密植集约果园的 59.91%，规模效益明显。但是，矮化密植集约栽培果园的最佳规模该如何确定，目前还没有更详尽的数据和资料可供分析。由于目前我国较大面积的矮化密植集约果园极少，还无法进行量化测算；但可以借鉴家庭农场研究的结果，应该是适度规模经营时的效益最佳。当然还需要根据苹果产业发展的具体情况进一步研究。

通过理论分析和经济效益评价及世界果业发展历程可以看出，苹果矮化密植集约栽培模式代表着苹果产业发展的方向，是完全适合我国国情的。但是我国现阶段苹果矮化密植集约栽培模式的优势并未得到充分发挥，乔化密植栽培模式与矮化密植集约栽培模式将在空间上并存。理想完美的苹果矮化密植集约栽培制度应该是：具有资本密集、高技术含量（优质砧木和品种、合理科学可持续发展的耕作制度）、新技术和省力机械、节约集约高效的精细管理、高素质和具有科技意识的新型职业农民、适应苹果生长的优越的地理生态环境下适度规模的苹果矮化密植栽培果园。

8.2　政策建议与讨论

据 2012 年统计数据，我国苹果种植面积约 3347 万亩，苹果产量约 3800万吨，约占世界的 55.6%，种植面积和产量均为世界第 1。但是苹果的品质与世界苹果生产先进国家还有较大的差距，果品在国际市场上缺乏竞争力。

我国苹果产业目前已经进入产量和质量发展的稳定期，在 $34° \sim 40°N$，$103° \sim 123°E$ 苹果树的适生区范围内，形成了黄土高原优势区、环渤海湾优势区和黄河故道区三大产区。矮化密植集约栽培模式在中国已经经历了近 70 年的推广与发展，至今仍然没有成为我国苹果栽培的主要栽培模式，苹果矮化密植集约栽培果园仅占果园面积的 10%，形成矮化密植集约栽培模式与乔化栽培模式在空间上同时存在的现象。无论是矮化栽培还是乔化栽培，两种栽培模式的生产均未达到生产的前沿面，矮化密植集约栽培模式的优势也没有能充分体现出来。造成这种状态的主要原因：第一是在我国当前生产力发展水平下，传统要素投入与现代要素投入的增加，两种密植栽培模式均可表现出更高的效益；第二是我国的矮化栽培模式在栽培技术层面普遍存在适应性问题；第三是我国目前的果园管理技术缺乏科学的统一栽培标准，出现了栽植深度不当、栽植密度不当、砧木选择不当及接穗品种选择不当等现象；第四是矮化密植集约栽培模式在不同的苹果种植区域表现出不同的技术效率与种植效益，地区差异比较明显。因此，我国将在一段时间与空间内，继续维持乔化密植栽培模式与矮化密植集约栽培模式并存的局面。针对我国苹果产业目前的状况、存在的问题和本书研究的结果提出建议与对策。

8.2.1　加大资本投入，促进矮化密植集约栽培模式发展

矮化密植集约栽培模式对现代投入要素的需求高于乔化密植栽培模式，矮

化密植集约栽培的要素相对密集度依次为资本、劳动、土地，乔化密植栽培的要素相对密集度依次为土地、劳动、资本，即矮化密植集约栽培模式的资本密集度要高于乔化密植栽培模式，其资本对劳动的替代效应明显，是高投入高收益的资本密集型栽培模式。在矮化密植集约栽培模式的成本投入结构中，化肥、农药、套袋、机械折旧、燃油等投入费用等单位面积（亩）可用货币量化的固定投入和可变投入显著高于乔化密植栽培模式。要想充分发挥出矮化密植集约栽培模式的技术优势，必须引导果农加大资本投入，增加果园管理专业机械投入，才能保障果园的经济密集管理。

我国农业现代化发展相对比较滞后，为了保证13亿人口的吃饭问题，政府出台了保证粮食生产优惠政策和资金上的支持，极大地调动了农户粮食生产的积极性。虽然苹果种植的效益要高于粮食生产，但是苹果产业要从乔化栽培模式向矮化栽培模式转变，资本与土地投入及配套技术缺乏是制约发展的瓶颈，需要充足的资金支持。在我国当前"三农"发展的状态下，农业和农民的收入虽然增长的速度较快，但基础差，绝对收入远远低于城镇居民，资金的短缺已经成为制约矮化密植集约栽培模式发展的瓶颈，所以建议国家在苹果产业由乔化栽培模式向矮化密植集约栽培模式转变的时期，将给予粮食生产的优惠政策也能覆盖苹果矮化密植集约栽培模式的农户，设计新的专项政策，使果农也能从银行贷款、融资得到优惠与扶持。

8.2.2　加快新技术和适宜性果园作业机械研发及推广

结合我国苹果产业生产的现状，对乔化密植栽培模式与矮化密植集约栽培模式的技术效率、规模效率与全要素生产率的分析，两种栽培模式的技术效率、规模效率和全要素生产率呈现出波动增长的特征，变化主要来自技术进步、技术效率、规模效率变化的共同作用，但还未达到苹果生产的前沿面，特别是矮化密植集约栽培模式的优势未能得到充分的体现。追其原因主要是研发能力差，新技术、果园省力机械研发应用滞后，矮化密植集约栽培模式的节约劳动力投入的优势不能发挥，出现劳动力投入和省力机械应用互补的情况，而非省力机械应用替代劳动力投入优良状态。在要素投入结构制约的条件下，目前我国苹果栽培过程中耗费劳动力投入的生产环节仍然以人工劳动投入为主。生产现实也证明了矮化密植集约栽培模式能够降低劳动投入、减少用工、提高机械化使用水平、便于标准化种植的技术优点不能得到体现，影响了苹果栽培模式由乔化向矮化转变的进程。

矮化密植集约栽培技术是劳动节约型技术，是以专业机械技术的使用来替代传统劳动投入的一种新型栽培技术。苹果的种植栽培过程的农艺非常复杂，在传统的乔化密植栽培模式中，果园管理环节中的疏花、疏果、喷药、施肥、套袋、摘袋、整形、修剪、采收、包装作业过程都需要投入大量劳动要素，属于劳动密集型技术。在劳动力资源日渐稀缺、要素价格快速上涨、土地非农化趋势加快的工业化背景下，世界各国苹果产业发展都面临着土地与劳动资源的双重约束，苹果的栽培更加需要相应的技术进步与规模应用来适应日益突出的资源与要素约束。同时，在我国的苹果种植传统优势区，已有大量的果园进入衰老期，亟须更新换代；病虫害发生严重，更加迫切需要矮化密植集约栽培模式的规范与规模推广应用。但目前新技术的推广障碍其中非常重要的一个因素就是没有适合的、具有专业性、针对性的替代劳动力投入的果园机械的研发与应用，这在很大程度上制约了矮化密植集约栽培模式的适用性。因此，需要促使各级政府加大果园新技术和作业机械研发的投入，相关研究机构应尽快开发研制或者引进先进的能够进行苗木培育、建园、土壤管理、养分管理、水分管理、整形修剪、花果管理、植物保护、越冬防寒、环境监测与调控、果园运输等果园从种植到收获的全过程的果园机械化生产工具，为新的栽培技术的应用提供基础保障，充分发挥矮化密植集约栽培的优势，使我国苹果产业达到苹果生产的前沿面，赶上世界的先进水平。

8.2.3 推行苹果矮化密植集约种植的农户适度经营规模

同传统的乔化密植栽培模式相比，矮化密植集约栽培模式表现出规模效益递增的特征。我们对不同规模矮化密植集约栽培果园研究，发现 8 ~ 20 亩规模的矮化密植集约果园平均利润 6399.74 元/亩，是规模为 8 亩以下矮化密植集约果园的 1.53 倍。每亩平均投入仅是规模为 8 亩以下矮化密植集约果园的59.91%，规模效益明显。种植规模越大，果园的平均收益表现出越高的特征，而且种植规模的扩大也提升了果品的质量，优果率有了显著提高。

进一步地，是否果园面积越大，产出的效率及效益就会越高？这需要根据我国的国情和不同的苹果种植区的自然生态环境、社会资源以及当地的生产力发展水平研究决定。由于缺乏资料，我国当前较大面积的矮化密植集约果园极少，现有的大规模矮化密植集约栽培果园，主要为政府引导，企业投资的示范果园，投入–产出效率与效益并不能代表苹果主产区的平均栽培水平。受调研资料数据的限制，本书仅将矮化密植果园划分为 8 亩以下和 8 ~ 20 亩 2 个类型进行研究。但可以借鉴家庭农场研究的结果，以粮食生产为主的家庭农场 100亩时效益最佳，其基本原则是适度规模经营时的效益最佳。当然还需要根据苹果矮化密植集约栽培模式的技术特点、实践和产业发展的具体情况确定，其原则仍是"适度规模"。

8.2.4　加快培养适应矮化密植集约栽培模式职业果农

基于 Tobit 模型的回归结果证明，不同苹果栽培模式下农户的技术效率主要受到户主受教育水平、是否参加技术培训、家庭身份背景、苹果园细碎化程度等因素的影响，所以要适应向矮化密植集约栽培模式的转变，需要具有创造能力、懂科学、有技术的高素质的生产者和管理——新型的职业农民。

苹果的矮化密植集约栽培模式是一种现代农业生产模式，是资本要素密集型农业生产方式，在果园管理过程中需要的技术知识多样，同时需要使用多种现代化机械进行果园管理与生产作业过程。和乔化密植栽培模式相比，在同等条件下，采用矮化集约栽培技术的果农，需要具备更高的文化知识、农艺知识与更高的个人综合能力。农户在矮化密植集约栽培模式的生产过程中，需要不断学习与掌握相关技术知识。另外，苹果矮化栽培管理与作业过程的农业过程环节多，技术复杂，对于农户的专业化程度要求更高。苹果种植户基本都将全年的劳动时间投入在苹果园管理与种植作业过程，几乎少有兼业农户。因此，果农个人的综合能力高低、专业化水平高低对苹果新技术的采用和推广起到重要作用。依据本书的研究结果可以看出，户主受教育程度对于苹果种植户生产效率有显著的正效应，说明苹果种植户受教育程度不仅能够提高苹果种植户应用新技术的能力，而且能够带动更高水平的人力资本投入。果农参加技术培训对技术效率有正的影响，说明对果农进行栽培技术培训可以有效地提高技术效率。定期参加由专业院校或果业科技推广部门组织的技术培训，对提高苹果种植户综合能力具有重要的工具性作用，使其更加了解农业技术特点，掌握应用技术的能力，不断提高果园管理水平，逐渐建立起科学高效管理制度，最终形成懂科学技术高素质的新型职业农民群体。

8.2.5　构建苹果矮化密植集约栽培制度

矮化密植集约栽培制度变迁既是苹果产业由产量增加的外延性发展向以质量提升的内涵式转型的原动力，也是苹果产业实现现代化与可持续发展的助推力。苹果矮化密植集约栽培制度不仅包括砧木的应用技术，还应包括苗木培育、建园、土壤管理、养分管理、水分管理、整形修剪、花果管理、植物保护、越冬防寒、环境监测与调控、果园运输等果园从种植到收获的全部农艺过程，以及契约、商品与要素市场等制度内容。苹果产业的现代化发展需要建立科学的矮化密植集约栽培制度，苹果生产的方式与决策也依赖于农户与产业所处的制度类型。科学的栽培制度的建立能够有效节约稀缺要素投入，可以整合不同地区的要素禀赋特征，科学界定要素产权，明确交易信息，降低交易成本，从而能够科学有效地对稀缺要素进行合理配置，实现苹果种植的规模经济与专业化，使得苹果产业能够可持续发展。

矮化密植集约栽培模式的效益、果品质量与生态环境因素的回归分析表明，主要影响因子有光照时间、有机肥使用和海拔，我国苹果生产逐渐形成的黄土高原优势区、环渤海湾优势区和黄河故道区三大种植区矮化密植集约栽培的果园生产实践也验证了这一结果。为了促进向矮化密植集约栽培模式变迁进程，需要根据矮化密植集约栽培模式的生产环节、技术要求和各生产区条件特点，结合这一研究结果制定标准化生产技术，即矮化密植集约栽培模式各生产环节的技术标准，促进苹果产业的标准化。

8.2.6 加速完善要素市场

资源禀赋是影响农业技术变迁的关键因素。农业要素资源的投入对农业生产方式与生产总值都有着直接的有效的贡献，但是不同要素的贡献程度不同，同种要素的不同投入产生的贡献也不相同。苹果矮化密植集约栽培制度为资本要素密集与土地要素密集的栽培制度，对资本要素需求与土地要素需求方面要求更高。而目前我国生产要素的价格变动信息不透明，农户面临的技术交易与信息搜寻成本较高，现有的要素市场的交易成本不能够准确反映投入要素的成本，农户更倾向于依据长期积累的栽培经验与果园管理技术来进行苹果的果园栽培管理。因此，政府应该支持要素市场的交易制度变革，对苹果矮化密植集约栽培技术进行公共产品供给制度的改革。具体包括栽培技术的免费培训，建立农户易学易懂易掌握的苹果矮化密植集约栽培技术的传播途径，增强农户获取新技术的认知能力与获取能力，规范农村金融信贷市场，加快土地流转制度改革，增强政府帮扶力度等，从而使得苹果种植户能够有效降低获取资本投入要素与土地投入要素的交易成本。

参 考 文 献

D. C. 诺斯，L. E. 戴维斯．1994．制度创新理论：描述、类推与说明．财产权利与制度变迁．上海：三联书店．

白秀广，李纪生，郑少锋．2012．偏技术进步、要素弹性与苹果生产效率的实证分析．统计与决策，（21）：114-118．

毕振良．2012．苹果矮砧密植集约栽培存在问题及发展建议．河北果树，（3）：40-41．

陈庆根，朱德峰，陈温福，等．2002．超级稻生产集成技术经济效益分析与评价．农业技术经济，（1）：30-34．

陈书章，宋春晓，宋宁，等．2013．中国小麦生产技术进步及要素需求与替代行为．中国农村经济，（9）：18-30．

陈学森，韩明玉，苏桂林，等．2010．当今世界苹果产业发展趋势及我国苹果产业优质高效发展意见，果树学报，27（4）：598-604．

道格拉斯·C. 诺思．1991．经济史中的结构与变迁．陈郁，译．上海：三联书店．

范存会．2005．中国 Bt 抗虫棉收益、成本和影响．经济学，（3）：785-802．

范荣，霍学喜．2010．陕西苹果生产发展及投入产出实证分析．北方园艺，（7）：221-223

高登涛，郭景南，魏志峰，等．2012．中西部地区两类矮化密植集约苹果园生产效率及光照质量评价．中国农业科学，45（5）：909-916．

高敬东，杨延桢，王骞，等．2013．山西省苹果矮化栽培利用现状及发展建议．山西果树，（5）：33-35．

戈授生，都桂芳，熊淑芳．1981．苹果矮化中间砧比较试验．内蒙古农业科技，（2）：22-30．

谷大军，杨峰，何明莉．2018．辽宁省苹果矮化砧木应用现状及发展建议．北方果树，（2）：41-44．

顾海，王艾敏．2007．基于 Malmquist 指数的河南苹果生产效率评价．农业技术经济，（2）：99-104．

郭亚军，姚顺波，霍学喜．2013．中国苹果生产技术进步率测算与分析——基于随机前沿分析方法．农业技术经济，（3）：54-61．

韩明玉，李丙智，王金政，等．2013．西欧三国苹果矮砧栽培模式与苗本繁育技术考察报告，落叶果树，45（4）：1-4．

韩明玉，李丙智．2012．陕西苹果矮化砧木调查与思考．西北园艺（果树），（8）：50-52．

韩明玉．2009．苹果矮砧集约高效栽培模式．果农之友，（9）：12．

韩明玉．2010．近几年我国苹果生产呈现的几大变化值得关注．西北园艺（果树），（3）：4-6．

韩振海，王忆，张新忠，等．2013．苹果砧木新品种中砧 1 号．农业生物技术学报，（7）：879-882．

何浩然，张林秀，李强．2006．农民施肥行为及农业面源污染研究．农业技术经济，（6）：

2-10.

河北农业大学 . 1992. 果树栽培学总论（第二版）. 北京：农业出版社 .

贺亚丽，仇宏昌，张建军，等 . 2013. 三门峡市苹果矮密栽培发展现状及对策 . 北方果树，6：35-36.

黄恕 . 2002. 苹果早结高产栽培模式——乔化矮化密植集约的回顾 . 中国南方果树，31（6）：79-80.

黄永业，张克宏，季兴录，等 . 2014. 苹果矮化集约化栽培技术 . 落叶果树，46（4）：47-49.

霍学喜，侯建昀 . 2012. 中国苹果生产技术效率与要素产出弹性分析——以陕西、山西、甘肃 10 个苹果重点县苹果种植产为例 . 西北农林科技大学学报（社会科学版），12（6）：75-80.

贾麟厚 . 1978. 矮生苹果树及其研究 . 北京：科学出版社 .

贾筱文，姚顺波 . 2011. 我国苹果主产区效率特征及其影响因素分析 . 江西农业大学学报（社会科学版），10（1）：79-82，88.

康苏花 . 2009. 小麦矮秆基因的 SSR 定位与分析 . 保定：河北农业大学硕士学位论文 .

李丙智，韩明玉，张林森，等 . 2007. 我国苹果矮化砧木发展缓慢的原因与建议 . 西北园艺（果树），（5）：4-5.

李丙智，韩明玉，张林森，等 . 2010. 我国矮化苹果生产现状与发展缓慢的原因分析及建议 . 烟台果树，（2）：1-4.

李丙智，韩明玉，张林森 . 等 . 2012. 我国苹果矮化砧木应用现状及适应性调查 . 果农之友，（2）：35-36.

李丙智 . 2014. 国家苹果产业技术体系岗位专家述职报告 . 内部资料 .

李超，覃成林 . 2011. 要素禀赋、资源环境约束与中国现代产业空间分布 . 南开经济研究，（4）：123-136.

李成贵 . 1997. 论传统农业的资源配置及其效率水平 . 中国农史，16（1）：74-83.

李谷成，冯中朝，范丽霞 . 2009. 小农户真的更加有效率吗？来自湖北省的经验证据 . 经济学（季刊），9（1）：95-124.

李谷成，冯中朝 . 2010. 中国农业全要素生产率增长：技术推进抑或效率驱动———项基于随机前沿生产函数的行业比较研究 . 农业技术经济，（5）：4-14.

李谷成 . 2009. 技术效率、技术进步与中国农业生产率增长 . 经济评论，（1）：60-68.

李静 . 2006. 中国省区经济增长进程中的生产率角色研究 . 南京：南京农业大学博士学位论文 .

林莉，刘洋 . 2011. 技术变迁研究综述与评论 . 山西财经大学学报，（s1）：12-13.

林毅夫 . 1994. 关于制度变迁的经济学理论：诱致性制度变迁与强制性制度变迁 . 上海：三联书店 .

林毅夫 . 2000. 再论制度、技术与中国农业发展 . 北京：北京大学出版社 .

林毅夫 . 2003. "三农"问题与我国农村的未来发展 . 农业经济问题，（1）：19-24.

刘军弟，霍学喜，韩明玉，等 . 2012. 中国苹果产业发展现状及趋势分析 . 北方园艺，

（20）：164-168.

刘天军，潘明远，朱玉春，等.2012.苹果优势区生产技术效率变化特征及收敛性——来自黄土高原地区5省573户果农的数据.山西财经大学学报，（4）：58-66.

罗仁福，张林秀，Scott Rozelle.2011.我国农村劳动力非农就业的变迁及面临的挑战.农业经济问题，（9）：18-24.

马宝焜，徐继忠，骆德新，等.1999.不同矮化中间砧红富士苹果越冬期间枝条内水分变化与抽条的关系.河北农业大学学报，22（4）：34-37.

马宝焜，徐继忠，孙建设.2010.关于我国苹果矮化密植集约栽培的思考.果树学报，27（1）：105-109.

马峰旺.2004.世界苹果生产发展趋势及我国苹果发展的建议.果农之友，（2）：4-5.

木生，田琳.2012.当前国内外苹果主栽品种的构成与发展趋势.烟台果树，117（1）：37.

聂辉华.2012.最优农业契约与中国农业产业化模式.经济学（季刊），12（4）：313-330.

彭军涛，陈其霆.2000.制度变迁与农业经济的发展.兰州大学学报（社会科学版），28（5）：39-43.

邵砾群，陈海滨，夏显力，等.2012.美国农业转型的经验极其对中国的启示.农业经济，（11）：6-8.

邵砾群，侯建昀，刘军弟，等.2014.苹果栽培模式技术经济评价.西北农林科技大学学报（社会科学版），（5）：78-83.

石会娟，王俊芹，王余丁.2011.基于DEA的河北省苹果产业生产效率的实证研究.农业技术经济，（10）：86-91.

史联让，邓熙时，张宏举等.1986.苹果矮化砧 M_{26} 在陕西的表现.中国果树，（1）：23-31.

束怀瑞.1999.苹果学.北京：中国农业出版社.

苏荟.2013.资源禀赋对农业技术诱致性选择研究——以兵团棉花滴灌技术为例.科研管理，34（2）：145-151.

速水佑次郎，神门善久.2009.发展经济学：从贫困到富裕（第三版）.李周，译.北京：社会科学文献出版社.

孙建设.2008.我国苹果栽培模式的沿革与思考.农民科技培训，（2）：22-24.

孙云蔚.1983.中国苹果史与果树资源.上海：上海科学技术出版社.

汪景彦，刘凤之，程存刚.2008.我国苹果栽培技术50年回顾与展望.果农之友，（11）：3-5.

汪景彦，于洪华.1988.新红星苹果.北京：农业出版社.

王海江，郎士风.1983.苹果矮化中间砧及组合的抗寒性.山西果树，（4）：7-10.

王继世，董绍珍.1989.利用苹果矮化砧木进行密植丰产栽培的意见.中国农业科学，22（6）：44-49.

王金政，薛晓敏，路超.2010.我国苹果生产现状与发展对策.山东农业科学，（6）：117-119.

王金政，薛晓敏，苏桂林，等.2011.山东省矮砧苹果栽培现状分析.山东农业科学，（1）：

苹果矮化栽培模式技术经济评价研究

41-43.

王静，毛飞，霍学喜．2010. 陕西四个苹果基地县果农生产效率调查分析．北方园艺，(3)：230-232.

王有年，姚允聪，沈瑞骞，等．1992. 果树生产技术经济效益评价的两个问题——育苗的经济效益和栽植密度与产量的关系．北京农学院学报，7 (2)：145-151.

王有年，姚允聪，张瑞，等．1992. 果树投入产出模型及应用的研究—— I . 柯布—道格拉斯模型及应用方法．北京农学院学报，(12)：49-54.

王宇霖，过国南，张顺妮．1994. 从国际上苹果品种发展的趋势看我国苹果品种的发展．11 (4)：211-215.

王宇霖．2001. 从世界苹果、梨生产及发展趋势与国际贸易看我国苹果、梨产业存在的问题．果树学报，18 (3)：127-132.

王宇霖．2011. 苹果栽培学．北京：科学出版社．

魏金义，祁春节．2015. 农业技术进步与要素禀赋的耦合协调度测算．中国人口·资源与环境，25 (1)：90-96.

温树英，伊凯．1982. 富士苹果嫁接在 M 系矮化中间砧上的生育表现．辽宁果树，(2)：24-27.

吴光林．1979. 我国果树生产现代化的设想．中国果树，(S1)：68-74.

吴光林．1984. 柑桔矮化密植．浙江农业大学学报，10 (2)：167-176.

鄢新民．2011. 苹果矮化密植栽培的主要途径和意义，现代农村科技，(4)：76.

鄢新民．2012. 我国苹果矮砧栽培现状，现代农村科技，(2)：71.

杨东升，曾维忠．1997. 中国农业产业化进程中的农业技术变迁．天府新论，(2)：9-13.

杨建民，王中英．1993. 我国苹果矮化密植栽培现状．河北林学院学报，8 (4)：353-359.

杨金深，徐国良，智键飞．2006. 绿色苹果生产的投入产出与经济效应分析．中国农村经济，(11)：35-41.

杨金深．2005. 无公害蔬菜生产投入的成本结构分析．农业经济问题，26 (11)：16-21.

杨进，姜林，王保昌，等．1994. 几种苹果新矮化的特征与特性．烟台果树，2：15-17.

杨进，章祖涵，司清．1981. 苹果砧木生物学特性研究．园艺学报，8：1-10.

杨进．1983. 矮砧苹果的发展前景．中国农业科学，(6)：26-31.

杨进．1984. 发展矮砧苹果的几个问题．落叶果树，(3)：26-32.

杨进．1990. 中国苹果砧木资源．济南：山东科技出版社．

杨进．1995. 我国苹果矮化砧木选育概况及今后育种方向．山东农业科学，(1)：17-19.

杨文钰．2010. 农学概论（第二版）．北京：中国农业出版社．

杨易，陈瑞剑．2013. 我国苹果生产的空间布局与发展趋势．中国食物与营养，19 (4)：23-26.

杨振峰．2009. 国内外苹果质量研究进展．北方果树．(1)：3-5.

姚允聪，王有年，郭平，等．1992. 果树最大经济效益期研究—— II . 稀植果园和密植果园经济效益分析．北京农学院学报，(12)：125-138.

姚允聪，王有年，李金光，等.1992. 果树投入产出模型及应用的研究——Ⅲ. 模型应用的实例分析. 北京农学院学报，（12）：69-78.

姚允聪，王有年，李金光，等.1992. 果树最大经济效益期研究——Ⅰ. 指标确定，计算方法及程序设计. 北京农学院学报，（2）：109-124.

姚允聪，王有年，张瑞.1992. 果树投入产出模型及应用的研究——Ⅱ. 北京市果园投入产出情况调查研究. 北京农学院学报，（12）：55-68.

于敬，张一萍，董新民.1982. 几个 M 系砧木在山西的表现情况. 山西果树，（3）：13-18.

原永兵，刘成连，王永章，等.2011. 现代苹果矮化密植集约栽培技术研究. 落叶果树，43（6）：1-6.

约瑟夫·熊彼特.1990. 经济发展理论. 北京：商务印书馆.

曾光，祁春节.2009. 柑橘起垄栽培技术的经济效益分析——基于当阳市的实证. 华中农业大学学报（社会科学版），（6）：14-17.

翟衡，史大川，束怀瑞.2007. 我国苹果产业发展现状与趋势. 果树学报，24（3）：355-360.

赵德英，程存刚，宣景宏，等.2013. 辽宁省苹果矮化砧木利用现状及发展建议. 北方果树，（4）：54-55.

赵树春，李占元，洪建源，等.1983. 苹果矮化中间砧区域试验初报. 北方果树，（3）：1-7.

赵树春，杨宝贵，高玉芝，等.1988. 苹果矮化中间砧密植栽培生产试验. 北方果树，（1）：1-6.

赵玉山.2014. 我国苹果产业发展趋势、存在问题及对策. 河北果树，（4）：1-2.

邹慧，刘桂华，吴平.2003. 双季稻改再生稻栽培模式的技术经济效益评价. 农业技术经济，（1）：54-55.

邹云贵.1982. 苹果矮砧、品种结合研究初报. 烟台果树，（2）：1-10.

Bardhan P K. 1989. The Economic Theory of Agrarian Institutions. Oxford：Clarendon Press.

Barker R，Herdt R W，Rose B. 1985. The Rice Economy of Asia. https：//pdf. usaid. gov/pdf_docs/pnabe80/. pdf ［2015-5-20］.

Barritt B H. 1994. Apk Rootstock Description- part 1 Eight Rootstocksmore dwarfong than Malling 9. newsleﬅer. lompact News 2，International Dwarf Fruit Tree Association：5-7

Belrose I. 2011. World Apple Review（2010 Edition）. New York：Cornell University.

Bhalla G S，Khan D A. 1979. New Technology and Agricultural Transformation：A Comparative Study of Punjab，India and the Punjab Pakistan. Nagoya：United Nations Center for Regional Development Country Monograph.

Bins H P. 1978. The Microewnomics of Induced Technical Change//Hans P B，Vemon W R. Induced Innovation：Technology. Institutions，and Development. Baltimore：The Johns Hokins Vaiversity Press.

Binswanger H P. 1974a. A microeconomic approach to induced innovation. The Ewnomic Journal, 84 (336): 940-958.

Binswanger H P. 1974b. The measurement of technical change biases with many factors of production. The American Economic Review, 64 (6): 964-976.

Browne G T, Connell J H, Schneider S M. 2006. Almond replant disease and its management with alternative pre-plant soil fumigation treatments and rootstocks. Plant Disease, 90 (7): 869-876.

Celikkol P, Stefanou S E. 1999. Measuring the impact of price-induced innovation on technological progress: application to the U. S. food processing and distribution sector. Journal of Productivity Analysis, 12 (2): 135-151.

Celton J M, Tustin D S, Chagné D, et al. 2009. Construction of a dense genetic linkage map for apple rootstocks using SSRs developed from Malus ESTs and Pyrus genomic sequences. Tree Genetics & Genomes, 5 (1): 93-107.

Czynczyk A, Bielicki P, Mika A, et al. 2012. Nine year results of growth and yielding estimation of six scab-resistant apple cultivars grafted on three dwarfing rootstocks in integrated fruit production. Journal of Fruit and Ornamental Plant Research, 20 (1): 21-28.

de Janvry A, Sadoulet E, Fafchamps M, Agrarian Structure, Technological Innovations, and the State//Bardhan P. The Economic Theory of Agrarian Institutions. Oxford: Charendon Press.

Dunn N. 2009. Commercial propagation of new APK rootstock underway. The Fruit Grewer, (8): 89-95.

Farrell M J. 1957. The measurement of productive efficiency. Journal of the Roral Statistical Society, 120 (3): 253-281.

Feder G. 1985. The relation between farm size and farm productivity: The role of family labor, supervision and credit constraints. Journal of Development Economics, 18 (2/3): 297-313.

Fernández-Fernández F, Antanaviciute L, van Dyk M M, et al. 2012. A genetic linkage map of an apple rootstock progeny anchored to the Malus genome sequence. Tree Genetics & Genomes, 8 (5): 991-1002.

Fujisawa H, Kudo K, Masuda T, et al. 2010. Effects of JM1, JM7, JM8 and M. 9 rootstocks on the photosynthesis rate of apple tree leaves. Horticultural Research, 9 (9): 171-176.

Gjamovski V, Rusevski R, Popovska M, et al. 2009. Evaluation of different types of media for multiplication and rooting on apple rootstock M26. Acta Horticulturae, 825: 112-122.

Hayami Y, Ruttan V W. 1985. Agricultural Development: An International Perspective. 2nd Edi. Baltimore: The Johns Hopkins University Press.

He G, Te A, Zhu X, et al. 1984. The Economics of Hybrid Rice Production in China. Los Banos: International Rice Research Institute.

He G, Te A, Zhu X, et al. 1987. A comparative study of economic efficiency of hybrid and conventional rice production in Jiangsu Province, China. Oryza, 24 (6): 229-241.

Hicks J R. 1932. The Theory of Wages. London: Macmillan Publishers Ltd.

参
考
文
献

Hicks J R. 1963. The Theory of Wages. London: Macmillan.

Kamboj J S, Blake P S, Quinlan J D, et al. 1997. Recent advances in studies on the dwarfing mechanism of apple rootstocks. Acta Horticultures, 451 (451): 75-82.

Kennedy C. 1964. Induced bias in innovation and the theory of distribution. Economic Journal, 74 (295): 541-547.

Koutinas N, Pepelyankov G, Koutina G, et al. 2009. Rootstock influence on the time of cessation of the shoot growth and the time of differentiation of flower buds in two apple cultivars. Balkan Symposium on Fruit Growing, 120 (6): 237-243.

Krueger A B, Mikael L. 2001. Education for growth: Why and for whom. Journal of Ecomomic Literature, 39 (4): 1101-1136.

Kuroda Y. 1987. The production structure and demand for labor in postwar Japanese agriculture, 1952-1982. American Journal of Agricultural Economics, 69 (2): 328-337.

Kuroda Y. 1988. The output bias of technological change in postwar Japanese agriculture. American Journal of Agricultural Economics, 70 (3): 663-673.

Laurent A S, Merwin I A, Thies J E. 2008. Long-term orchard groundcover management systems affect soil microbial communities and apple replant disease severity. Plant and Soil, 304 (1-2): 209-225.

Lin J Y. 1991a. Prohibition of factor market exchanges and technological choice in Chinese agriculture. Journal of Development Studies, 27 (4): 1-15.

Lin J Y. 1991b. Public research resource allocation in Chinese agriculture: A test of induced technological innovation hypotheses. Economic Development and Cultural Change, 40 (1): 55-74.

Lin J Y. 1991c. Education and innovation adoption in agriculture: Evidence from Hybrid Rice in China. Ametcan Journal of Agricultural Economics, 73 (3): 713-724.

Lin J Y. 1991d. Prohibition of factor market exchanges and technological choice in Chinese agriculture. Journal of Development Studies, 27 (4): 1-15.

Lin J Y. 1992a. Rural reforms and agricultural growth in China. American Economic Review, 82 (1).34-51.

Lin J Y. 1992b. Hybrid rice innovation in China: a study of market-demand induced technological innovation in a centrally-planned economy. The Review of Economics and Statistics, 74 (1): 14-20.

Liu Q H, Shumway C R. 2006. Geographic aggregation and induced innovation in American agriculture. Applied Economics, 38 (6): 671-682.

Lockhard R, Schneider G W. 1981. Stock and scion growth relationships and the dwarfing mechanism in apple. Horticwltural Reviews, (3): 315-375.

Marini R P, Black B, Crassweller R M, et al. 2009. Performance of "golden delicious" apple on 23 rootstocks at 12 locations: A five-year summary of the 2003 nc-140 dwarf rootstock trial. New

York: Journal of the American College of Cardiology.

Morgan R. 1993. The Book ofApples. London: Edbury Press.

Nacheva L, Ivanova K, Zlatev Z, et al. 2009. Effect of sucrose level on the photosynthetic ability of in vitro autivated apple stock MM106. Acta Horticulturae, 839: 343-350.

Nghiep L T. 1979. The structure and changes of technology in prewar Japanese agriculture. American Journal of Agricultural Economics, 61 (4): 687-693.

Olmstead A L, Rhode P. 1993. Induced innovation in American agriculture: a reconsideration. The Journal of Political Economy, 101 (1): 100-118.

Philippe A, Peter H. 1998. Endogenous Growth Theory. Boston: MIT Press.

Rumberger A, Yao S, Merwin I A, et al. 2004. Rootstock genotype and orchard replant position rather than soil fumigation or compost amendment determine tree growth and rhizosphere bacterial community composition in an apple replant soil. Plant and Soil, 264 (1-2): 247-260.

Russo N L, Robinson T L, Fazio G, et al. 2008. Fire blight resistance of budagovsky 9 apple rootstock. Plant Disease: An International Journal of Applied Plant Pathology, 92: 385-391.

Sato K. 1967. A two- level constant- elasticity- of- substitution production function. The Review of Economic Studies, 34 (2): 201-218.

Seleznyova A N, Tustiin D S, Thorp T G. 2008. Apple dwarfing rootstocks and interstocks affect the type of growth units produced during the annual growth cycle: precocious transition to flowering affects the composition and vigour of annual shoots. Annals of Botany, 101: 679-687.

Shumway C R, Alexander W P. 1988. Agricultural product supplies and input demands: regional comparisons. American Journal of Agricultural Economics, 80 (1): 153-161.

Slattery E, Livingston M, Greene C, et al. 2011. Characteristics of Conventional and Organic Apple Production in the United States. http: //www. doc88. com/p-7428904269236. html [2015-5-20].

Thirtle C G, Schimmelpfennig D E, Townsend R E. 2002. Induced innovation in United States agriculture, 1880- 1990: time series tests and an error correction model. American Journal of Agricultural Economics, 84 (3): 598-614.

Thirtle C G, Townsend R F, Zyl J V. 1995. Testing the induced innovation hypothesis in south African agriculture. Policy Research Working Paper, 19 (1-2): 145-157.

Vaio C D, Cirillo C, Buccheri M, et al. 2009. Effect of interstock (M. 9 and M. 27) on vegetative growth and yield of apple trees (cv "Annurca"). Scientia Horticulturae, 119 (3): 270-274.

Wan G, Chen E. 2001. Effects of land fragmentation and returns to scale in the Chinese farming sector. Applied Economics, 33 (2): 183-194.

Weaver R D. 1983. Multiple input, multiple output production choices and technology in the U. S. Wheat Region. American Journal of Agricultural Economics, 65 (1): 45-56.

Weitz R. 1971. From Peasant to Farme A Revolutionary Strategy for Development. New York: Columbia University Press.

参
考
文
献

Yuhn K H. 1991. Growth and distribution: a test of the induced innovation hypothesis for the Korean economy. Applied Economics, 23 (3): 543-552.

Zhang B, Carler C. 1997. Reforms, the weather, and productivity growth in China's grain sector. American Journal of Agricultural Economics, 79 (4): 1266-1277.

附　　录

I　矮化果园技术经济评价调查问卷

农户姓名：_____　联系方式：_____

调查地：_____省（自治区）_____市（地区）_____县_____镇（乡）_____村

农户姓名：_____　联系方式：_____

调查者：_____　调查日期：20_____年_____月_____日

1　苹果种植户的基本情况

1.1　受访者性别：1＝男 0＝女，年龄：__岁；户主性别：1＝男 0＝女，年龄：__岁。

1.2　户主文化程度：1＝没上学；2＝小学；3＝初中；4＝高中/中专；5＝大专及以上。

1.3　户主曾经社会经历：1＝村委会干部；2＝党员；3＝苹果经纪人；4＝合作社干部；5＝其他_____。

1.4　您家中共有_____口人，其中：种植苹果的劳动力有_____人。

项目	性别（1＝男，0＝女）	年龄	文化程度
种植苹果的劳动力 1			
种植苹果的劳动力 2			
种植苹果的劳动力 3			
种植苹果的劳动力 4			
种植苹果的劳动力 5			

1.5　您是否参加了果农协会（合作社）？　　1＝参加；0＝没参加（或说不清）。

1.6　您是否参加了果品企业示范基地（园）？1＝参加；0＝没参加（或说不清）。

1.7　您是否参加了果站示范基地（园）？　　1＝参加；0＝没参加（或说不清）。

2　苹果种植面积和品种

2.1　您家现有耕地_____亩，苹果种植总面积_____亩，地块数_____块，其中挂果园_____亩（其中，租赁地_____亩，租赁费总计_____元/年），幼园_____亩（其中，租赁地_____亩，租赁费_____元/年）。

2.2　自建园以来，栽培方式有无变化：1＝有，0＝无，若有，是于_____年由乔化

（或半矮化）变为矮化。

若有变化，您认为乔化（或半矮化）和矮化相比？

1=乔化比矮化好很多；2=乔化比矮化好一点；3=两者差不多；4=乔化比矮化差一点；5=乔化比矮化差很多。

2.3 （1）建园时间为_____年，建园面积为_____亩；建园总费用_____元，其中苗木费_____元；其他物资费用（如肥料、农药、围墙、栅栏）_____元。人工费用_____元。

砧木提供方为

1=国营种苗公司；2=私人种苗门市；3=果站或政府农业部门；4=果品/农资企业；5=其他种植户；6=其他_____。

（2）矮化砧木：1=SH系；2=M系；3=其他_____。

（3）建园时是否获得栽培技术指导？（1=有，0=无），若有栽培技术指导，由何组织提供？

1=国营种苗公司；2=私人种苗门市；3=果站或政府农业部门；4=果品/农资企业；5=其他种植户；6=其他_____。

2.4 （1）您现有品种（总面积）：
①嘎啦_____亩；②富士_____亩；③_____亩；④_____亩。

（2）您选择种植品种①的依据（可多选）：

1=产量高；	2=价格高；	3=易储存；	4=成熟早；
5=授粉；	6=别人种；	7=栽培管理简单；	8=错开劳动时间；
9=政府要求；	10=其他情况_____。		

（3）您选择种植品种②的依据（可多选）：

1=产量高；	2=价格高；	3=易储存；	4=成熟早；
5=授粉；	6=别人种；	7=栽培管理简单；	8=错开劳动时间；
	9=政府要求；	10=其他情况_____。	

（4）您选择种植品种③的依据（可多选）：

1=产量高；	2=价格高；	3=易储存；	4=成熟早；
5=授粉；	6=别人种；	7=栽培管理简单；	8=错开劳动时间；
9=政府要求；	10=其他情况_____。		

（5）您选择种植品种④的依据（可多选）：

1=产量高；	2=价格高；	3=易储存；	4=成熟早；
5=授粉；	6=别人种；	7=栽培管理简单；	8=错开劳动时间；
9=政府要求；	10=其他情况_____。		

（6）种植品种是否有更换？1=有更换；0=没更换。

有更换过的话，请问原来种植的品种有：①_____亩；②_____亩；③_____亩。

（7）您将来是否愿意引进新的苹果品种？ 1=愿意；0=不愿意。

愿意的话，是什么品种？品种①_____（原因_____）；品种②_____（原因_____）。

2.5 挂果园品种基本情况

	挂果面积（亩）		树龄（年）	立地类型	是否可灌溉（1=是；0=否）	栽培方式	种植密度	树形	土质
	自承包	租赁							
品种①（嘎啦）									
品种②（富士）									
品种③									
品种④									

立地类型：1=平地（塬地）；2=坡地；3=川台地；4=台碱地；5=其他_____。

栽培方式：1=乔化；2=矮化；3=其他_____。

树形：1=纺锤形；2=小冠开心形；3=小冠疏层形；4=主干分层形；5=其他_____。

土质：1=沙土；2=沙壤土；3=黏土。

3 苹果种植的投入状况

3.1 肥料投入

年份	化肥								有机肥				
	N肥折纯（斤）	P肥折纯（斤）	K肥折纯（斤）	化肥总量（斤）	金额（元）	自用工量（工）	雇用工量（工）	用工单价（元/天）	投入量（斤）	金额（元）	自用工量（工）	雇用工量（工）	用工单价（元/天）
2010													
2011													
2012													

注：1斤=0.5千克

（1）果园是否进行过测土？ 1=有；0=没有。

（2）是否叶面追肥？1=是，0=否；是否使用枝干涂抹或注射方式施肥？1=是，0=否。

（3）是否使用生长调节剂？ 1=是；0=否。

（4）有机肥种类 1=羊粪、猪粪等厩肥；2=沼气肥；3=饼肥；4=绿肥；5=成品有机肥；6=其他_____。

3.2 农药以及薄膜投入

年份	农药					薄膜					
	金额（元）	自家用工量（工）	雇佣用工量（工）	用工单价（元/天）	其他费用（元）	农膜种类		金额（元）	自家用工量（工）	雇佣用工量（工）	用工单价（元/天）
						反光膜	地膜				
2010											
2011											
2012											

注：其他费用包括租用打药机燃油费、水费。

(1) 近3年，使用过：①乐斯本（毒死蜱）、功夫、灭扫利、桃小灵、敌敌畏、杀螟硫磷、歼灭、氢戊菊酯、溴氢菊酯、抗蚜威可湿粉、辟蚜雾水分散粉剂。

②氧化乐果、福美肿、灭多威、克螨特、甲拌磷、乙拌磷、久效磷、对硫磷、甲胺磷、甲基对硫磷、甲基异硫磷、治螟磷、磷胺、三氯杀螨醇、杀虫脒、六六六。

(2) 最后一次施药距采收期间隔_____天。

(3) 是否使用物理防治（如诱虫板、诱虫带或诱虫灯）？1＝是；0＝否。

使用的话，是：1＝自己购买（_____元/年）；2＝果站免费发放；3＝果品企业免费发放；4＝其他_____。

(4) 是否使用生物防治（如人工释放害虫天敌，或使用昆虫性外激素诱杀）？A是；B否。

使用的话，是：1＝自己购买（_____元/年）；2＝果站免费发放；3＝果品企业免费发放；4＝其他_____。

3.3 套袋以及摘袋费

年份	果袋种类	套袋						卸袋		
		套袋量（枚）	购买价格（元/枚）	补贴（元/枚）	自家用工量（工）	雇工用工量（工）	用工单价（元/天）	自家用工量（工）	雇工用工量（工）	用工单价（元/天）
2010										
2011										
2012										

注：果袋种类包括：1＝膜袋；2＝双层两色袋；3＝双层三色袋；4＝纸袋；5＝其他_____。

(1) 摘袋后是否摘叶？1＝是；0＝否。

(2) 摘袋后是否转果？1＝是；0＝否。

3.4 授粉、疏花/疏果以及机耕费用

年份	授粉				疏花疏果				耕地（整地）					
	蜂/花粉购买费（元）	自用工量（工）	雇工用工量（工）	用工单价（元/天）	自用工量（工）	雇工用工量（工）	用工单价（元/天）	机耕面积（亩）	机耕次数（次/年）	自有机耕单价[元/（亩·次）]	租赁机耕单价[元/（亩·次）]	翻地用工量（工）	翻地单价（元/天）
2010													
2011													
2012													

授粉方式：1＝人工授粉；2＝壁蜂授粉；3＝自然授粉；4＝其他_____。

3.5 采摘费用

年份	摘果自家用工量（工）	摘果雇工用工量（工）	摘果用工工价（元/天）
2010			
2011			
2012			

采摘方式：1＝按成熟度分批摘；2＝一次性摘完。

3.6 灌溉费用

年份	设施建设及维护费	补贴（元）	灌溉面积（亩）	灌溉次数（次/年）	水费（元/次）	电费（元/次）	用工量（工/次）	用工单价［元/（天·次）］
2010								
2011								
2012								

灌溉的方式：1＝大水漫灌；2＝滴灌；3＝喷灌；4＝穴灌；5＝其他_____。

3.7 修剪、拉枝以及管理费

年份	修剪拉枝					锄草清园			
	修剪果园面积（亩）	自家用工量（工）	雇工用工量（天）	用工单价（元/天）	修剪拉枝物资费（元）	自家用工量（工）	雇工用工量（工）	用工单价（元/天）	锄草清园物资费（元）
2010									
2011									
2012									

注：修剪拉枝物资费包括修剪拉枝果树时购买的修枝剪、锯子、爬梯、拉枝绳等费用；锄草清园物资费包括锄头、铁铲、镢头等小农具购买费。

（1）是否对果树夏剪？1＝是；0＝否。

（2）拉枝程度：1＝拉枝大于90°；2＝拉枝等于90°；3＝拉枝小于90°；

（3）修剪方式为：1＝以疏拉（长放）为主；0＝以截缩（短截、短放）为主。

（4）是否采用保水保墒措施（如种草或豆类作物、铺沙、铺秸秆等）？1＝是；0＝否。

3.8 机械及其他生产设备购置和修理费

种类	购买（修建）金额（元）	政府补贴（元）	购买（修建）时间	使用年限（年）	年修理费（元）
拖拉机（手扶机）					
三轮车（蹦蹦车）					
施肥开沟机					
旋耕机					

种类	购买（修建）金额（元）	政府补贴（元）	购买（修建）时间	使用年限（年）	年修理费（元）
打药机					
割草机					
套袋机					
修剪机					

注：与苹果种植有关的其他生产设备种类：水窖（方塘）、果窖、沼气池等（注明类型）。

3.9 其他费用

年份	保险费（元）	遭灾程度	赔偿（元）	生产性贷款					销售费用（元）
				渠道	主要用途	数量（元）	年限（年）	年利率（%）	年利息（元）	
2010										
2011										
2012										

注：遭灾程度：1＝轻微（25%）；2＝中度（50%）；3＝严重（75%）。

贷款渠道：1＝金融机构低息贷款；2＝金融机构非低息贷款；3＝民间借贷；4＝合作社；5＝政府；6＝其他_____。

贷款主要用途：1＝购买肥料；2＝购买农药；3＝购买果袋；4＝购买生产机械或固定设备；5＝其他_____。

是否使用防雹网？1＝是（_____年）；0＝否。

使用的话，是：1＝自己购建（_____元）；2＝果站免费建造；3＝果品企业免费建造；4＝其他_____。

4 苹果种植收益情况

年份	品种	直径≥80毫米			直径75~70毫米			直径≤65毫米			直径残次果		
		单价（元/斤）	数量（斤）	金额（元）	单价（元/斤）	数量（斤）	金额（元）	单价（元/斤）	数量（斤）	金额（元）	单价（元/斤）	数量（斤）	金额（元）
2010	品种①嘎啦												
	品种②富士												
	品种③（　　）												
	品种④（　　）												

苹果矮化栽培模式技术经济评价研究

年份	品种	直径≥80 毫米			直径 75~70 毫米			直径≤65 毫米			直径残次果		
		单价（元/斤）	数量（斤）	金额（元）	单价（元/斤）	数量（斤）	金额（元）	单价（元/斤）	数量（斤）	金额（元）	单价（元/斤）	数量（斤）	金额（元）
2011	品种①嘎啦												
	品种②富士												
	品种③（　　）												
	品种④（　　）												
2012	品种①嘎啦												
	品种②富士												
	品种③（　　）												
	品种④（　　）												

5　苹果技术认知情况

5.1　是否听说过无公害苹果？1＝是；0＝否。

如果听说过，无公害苹果是指：1＝不用农药；2＝不用高毒高残留农药。

5.2　您知道苹果生产中农药残留问题吗？　　　　1＝知道；0＝不知道。

如果知道，那您在选用和喷洒农药时是否注意这个问题？　　1＝注意了；0＝没有注意。

5.3　生产资料交易模式（2012 年）

	购买渠道	购买方式	供货方式	结算方式	是否优惠
化肥					
有机肥					
农药					
果袋					

购买渠道：1＝本村以外农资供应点；2＝本村农资供应点；3＝协会（合作社）；4＝农资商上门推销；5＝果站；6＝果品企业；7＝其他。

购买方式：1＝签订合同或给正式发票；0＝没有签订合同或没有给正式发票。

供货方式：1＝上门服务；0＝自行取货。

结算方式：1=现金；2=赊账；3=部分现金部分赊账。

是否优惠：1=有；0=没有。

5.4　（1）您家是否享受果园改造（或新建）补贴？1=有；0=没有。

如果有，果园改造补贴 2010 年为 _____ 元；2011 年为 _____ 元；2012 年为 _____ 元。

果园新建补贴 2010 年为 _____ 元；2011 年为 _____ 元；2012 年为 _____ 元。

（2）您家是否享受苹果有机肥补贴？1=有；0=没有。

如果有，2010 年补贴 _____ 元；2011 年补贴 _____ 元；2012 年补贴 _____ 元。

（3）您家是否享受苹果套袋补贴？1=有；0=没有。

如果有，2010 年补贴 _____ 元；2011 年补贴 _____ 元；2012 年补贴 _____ 元。

（4）您家是否享受苹果地膜补贴？1=有；0=没有。

如果有，2010 年补贴 _____ 元；2011 年补贴 _____ 元，2012 年补贴 _____ 元。

（5）您家还享受苹果生产 _____ 补贴？

2010 年补贴 _____ 元；2011 年补贴 _____ 元；2012 年补贴 _____ 元。

5.5　2012 年您的矮化苹果销售对象为（可多选）（　　　）

1=直接卖给消费者，占总销量的比重为（　　　）%；

2=中间商（包括本地和外地客商、二道贩子），占总销量的比重为（　　　）%；

3=合作社，占总销量的比重为（　　　）%；

4=果品公司，占总销量的比重为（　　　）%；

5=终端零售商（包括超市、小型零售商和水果店等）占总销量的比重为（　　　）%；

6=其他（请注明 _____ ）占总销量的比重为（　　　）% 。

Ⅱ　乔化果园技术经济评价调查问卷

农户姓名：_____　　　联系方式：_____

调查地：_____ 省（自治区）_____ 市（地区）_____ 县 _____ 镇（乡）_____ 村

调查者：_____　　　调查日期：20 _____ 年 _____ 月 _____ 日

1　苹果种植户的基本情况

1.1　受访者性别：1=男，0=女；年龄：_____ 岁；户主性别：1=男，0=女，年龄：_____ 岁。

1.2　户主文化程度：1=没上学；2=小学；3=初中；4=高中/中专；5=大专及以上。

1.3　户主曾经社会经历：1=村委会干部；2=党员；3=苹果经纪人；4=合作社干部；5=其他 _____ 。

1.4　您家中共有 _____ 口人，其中：种植苹果的劳动力有 _____ 人。

	性别（1=男，0=女）	年龄	文化程度
种植苹果的劳动力1			
种植苹果的劳动力2			
种植苹果的劳动力3			
种植苹果的劳动力4			
种植苹果的劳动力5			

1.5　您是否参加了果农协会（合作社）？　　1=参加；0=没参加（或说不清）。

1.6　您是否参加了果品企业示范基地（园）？1=参加；0=没参加（或说不清）。

1.7　您是否参加了果站示范基地（园）？　　1=参加；0=没参加（或说不清）。

2　苹果种植面积和品种

2.1　您家现有耕地_____亩，苹果种植总面积_____亩，地块数_____块，其中挂果园_____亩（其中，租赁地_____亩，租赁费总计_____元/年），幼园_____亩（其中，租赁地_____亩，租赁费_____元/年）。

2.2　自建园以来，栽培方式有无变化：1=有，0=无，若有变化，是于_____年由_____向乔化变化。

您将来是否愿意种植矮化？

1=非常不愿意；2=比较不愿意；3=差不多；4=比较愿意；5=非常愿意；原因_____。

2.3　（1）建园时间为_____年，建园面积为_____亩；建园总费用_____元，其中苗木费_____元；其他物资费用（如肥料、农药、围墙、栅栏）_____元。人工费用_____元。

种苗（砧木）提供方为

1=国营种苗公司；2=私人种苗门市；3=果站或政府农业部门；4=果品/农资企业；5=其他种植户;6=其他_____。

（2）建园时是否获得栽培技术指导？（1=有，0=无），若有栽培技术指导，由何组织提供？

1=国营种苗公司；2=私人种苗门市；3=果站或政府农业部门；4=果品/农资企业；5=其他种植户;6=其他_____。

2.4　（1）您现有品种（总面积）：①嘎啦_____亩；②富士_____亩；③_____亩;④_____亩。

（2）您选择种植品种①的依据（可多选）：

1=产量高；　　　2=价格高；　　　3=易储存；　　　4=成熟早；

5=授粉；　　　6=别人种；　　　7=栽培管理简单；　　8=错开劳动时间；

9=政府要求；　　10=其他情况_____。

（3）您选择种植品种②的依据（可多选）：

1=产量高；　　　2=价格高；　　　3=易储存；　　　4=成熟早；

5＝授粉；　　　　　6＝别人种；　　　　　7＝栽培管理简单；　　8＝错开劳动时间；

9＝政府要求；　　　10＝其他情况＿＿＿＿＿。

（4）您选择种植品种③的依据（可多选）：

1＝产量高；　　　　2＝价格高；　　　　3＝易储存；　　　　4＝成熟早；

5＝授粉；　　　　　6＝别人种；　　　　　7＝栽培管理简单；　　8＝错开劳动时间；

9＝政府要求；　　　10＝其他情况＿＿＿＿＿。

（5）您选择种植品种④的依据（可多选）：

1＝产量高；　　　　2＝价格高；　　　　3＝易储存；　　　　4＝成熟早；

5＝授粉；　　　　　6＝别人种；　　　　　7＝栽培管理简单；　　8＝错开劳动时间；

9＝政府要求；　　　10＝其他情况＿＿＿＿＿。

（6）种植品种是否有更换？　1＝有更换；0＝没更换。

有更换过的话，请问原来种植的品种有：①＿＿＿＿亩；②＿＿＿＿亩；③＿＿＿＿亩。

（7）您将来是否愿意引进新的苹果品种？　　1＝愿意；0＝不愿意。

愿意的话，是什么品种？品种①＿＿＿＿＿（原因＿＿＿＿＿）；品种②＿＿＿＿＿（原因＿＿＿＿＿）。

2.5　挂果园品种基本情况

	挂果面积（亩）		树龄（年）	立地类型	是否可灌溉（1＝是；0＝否）	栽培方式	种植密度	树形	土质
	自承包	租赁							
品种①（嘎啦）									
品种②（富士）									
品种③									
品种④									

立地类型：1＝平地（塬地）；2＝坡地；3＝川台地；4＝台碱地；5＝其他＿＿＿＿＿。

栽培方式：1＝乔化；2＝乔化；3＝其他＿＿＿＿＿。

树形：1＝纺锤形；2＝小冠开心形；3＝小冠疏层形；4＝主干分层形；5＝其他＿＿＿＿＿。

土质：1＝沙土；2＝沙壤土；3＝黏土。

3　苹果种植的投入状况

3.1　肥料投入

年份	化肥								有机肥				
	N肥折纯（斤）	P肥折纯（斤）	K肥折纯（斤）	化肥总量（斤）	金额（元）	自用工量（工）	雇用工量（工）	用工单价（元/天）	投入量（斤）	金额（元）	自用工量（工）	雇用工量（工）	用工单价（元/天）
2010													
2011													
2012													

注：1斤＝0.5千克。

（1）果园是否进行过测土？　1=有；0=没有。

（2）是否叶面追肥？1=是；0=否；是否使用枝干涂抹或注射方式施肥？1=是；0=否。

（3）是否使用生长调节剂？　1=是；0=否。

（4）有机肥种类 1=羊粪、猪粪等厩肥；2=沼气肥；3=饼肥；4=绿肥；5=成品有机肥；6=其他_____。

3.2　农药以及薄膜投入

年份	农药					薄膜				
	金额（元）	自家用工量（工）	雇佣用工量（工）	用工单价（元/天）	其他费用（元）	农膜种类		金额（元）	自家用工量（工）	雇佣用工量（工）	用工单价（元/天）
						反光膜	地膜				
2010											
2011											
2012											

注：其他费用包括租用打药机燃油费、水费。

（1）近3年，使用过：①乐斯本（毒死蜱）、功夫、灭扫利、桃小灵、敌敌畏、杀螟硫磷、歼灭、氢戊菊酯、溴氢菊酯、抗蚜威可湿粉、辟蚜雾水分散粉剂。

②氧化乐果、福美肿、灭多威、克螨特、甲拌磷、乙拌磷、久效磷、对硫磷、甲胺磷、甲基对硫磷、甲基异硫磷、治螟磷、磷胺、三氯杀螨醇、杀虫脒、六六六。

（2）最后一次施药距采收期间隔_____天。

（3）是否使用物理防治（如诱虫板、诱虫带或诱虫灯）？1=是；0=否。

使用的话，是：1=自己购买（_____元/年）；2=果站免费发放；3=果品企业免费发放；4=其他_____。

（4）是否使用生物防治（如人工释放害虫天敌，或使用昆虫性外激素诱杀）？A. 是；B. 否。

使用的话，是：1=自己购买（_____元/年）；2=果站免费发放；3=果品企业免费发放；4=其他_____。

3.3　套袋以及摘袋费

年份	果袋种类	套袋						卸袋		
		套袋量（枚）	购买价格（元/枚）	补贴（元/枚）	自家用工量（工）	雇工用工量（工）	用工单价（元/天）	自家用工量（工）	雇工用工量（工）	用工单价（元/天）
2010										
2011										
2012										

注：果袋种类包括：1=膜袋；2=双层两色袋；3=双层三色袋；4=纸袋；5=其他_____。

（1）摘袋后是否摘叶？1=是；0=否。

（2）摘袋后是否转果？1=是；0=否。

3.4　授粉、疏花/疏果以及机耕费用

年份	授粉				疏花疏果			耕地					
	蜂/花粉购买费（元）	自用工量（工）	雇用工量（工）	用工单价（元/天）	自用工量（工）	雇用工量（工）	用工单价（元/天）	机耕面积（亩）	机耕次数（次/年）	自有机耕单价[（元/亩·次）]	租赁机耕单价[（元/亩·次）]	翻地用工量（工）	翻地单价（元/天）
2010													
2011													
2012													

授粉方式：1＝人工授粉；2＝壁蜂授粉；3＝自然授粉；4＝其他_____。

3.5　采摘费用

年份	摘果自家用工量（工）	摘果雇工用工量（工）	摘果用工工价（元/天）
2010			
2011			
2012			

采摘方式：1＝按成熟度分批摘；2＝一次性摘完。

3.6　灌溉费用

年份	设施建设及维护费	补贴（元）	灌溉面积（亩）	灌溉次数（次/年）	水费（元/次）	电费（元/次）	用工量（工/次）	用工单价[元/（天·次）]
2010								
2011								
2012								

灌溉的方式：1＝大水漫灌；2＝滴灌；3＝喷灌；4＝穴灌；5＝其他_____。

3.7　修剪、拉枝以及管理费

年份	修剪拉枝					锄草清园			
	修剪果园面积（亩）	自家用工量（工）	雇工用工量（天）	用工单价（元/天）	修剪拉枝物资费（元）	自家用工量（工）	雇工用工量（工）	用工单价（元/天）	锄草清园物资费（元）
2010									
2011									
2012									

注：修剪拉枝物资费包括修剪拉枝果树时购买的修枝剪、锯子、爬梯、拉枝绳等费用；锄草清园物资费包括锄头、铁铲、镢头等小农具购买费。

（1）是否对果树夏剪？1＝是；0＝否。

（2）拉枝程度：1＝拉枝大于90°；2＝拉枝等于90°；3＝拉枝小于90°。

（3）修剪方式为：1＝以疏拉（长放）为主；0＝以截缩（短截、短放）为主。

（4）是否采用保水保墒措施（如种草或豆类作物、铺沙、铺秸秆等）？1＝是；0＝否。

3.8 机械及其他生产设备购置和修理费

种类	购买（修建）金额（元）	政府补贴（元）	购买（修建）时间	使用年限（年）	年修理费（元）
拖拉机（手扶机）					
三轮车（蹦蹦车）					
施肥开沟机					
旋耕机					
打药机					
割草机					
套袋机					
修剪机					

注：与苹果种植有关的其他生产设备种类：水窖（方塘）、果窖、沼气池等（注明类型）。

3.9 其他费用

年份	保险费（元）	遭灾程度	赔偿（元）	生产性贷款						销售费用（元）
				渠道	主要用途	数量（元）	年限（年）	年利率（%）	年利息（元）	
2010										
2011										
2012										

注：遭灾程度：1＝轻微（25%）；2＝中度（50%）；3＝严重（75%）。

贷款渠道：1＝金融机构低息贷款；2＝金融机构非低息贷款；3＝民间借贷；4＝合作社；5＝政府；6＝其他_____。

贷款主要用途：1＝购买肥料；2＝购买农药；3＝购买果袋；4＝购买生产机械或固定设备；5＝其他_____。

是否使用防雹网？1＝是（_____年）；0＝否。

使用的话，是：1＝自己购建（_____元）；2＝果站免费建造；3＝果品企业免费建造；4＝其他_____。

4　苹果种植收益情况

年份	品种	直径≥80毫米			直径75~70毫米			直径≤65毫米			残次果		
		单价(元/斤)	数量(斤)	金额(元)	单价(元/斤)	数量(斤)	金额(元)	单价(元/斤)	数量(斤)	金额(元)	单价(元/斤)	数量(斤)	金额(元)
2010	品种①嘎啦												
	品种②富士												
	品种③（　）												
	品种④（　）												
2011	品种①嘎啦												
	品种②富士												
	品种③（　）												
	品种④（　）												
2012	品种①嘎啦												
	品种②富士												
	品种③（　）												
	品种④（　）												

5　苹果技术认知情况

5.1　是否听说过无公害苹果？　1＝是；0＝否。

无公害苹果是指：1＝不用农药；2＝不用高毒高残留农药。

5.2　您知道苹果生产中农药残留问题吗？　　　　1＝知道；0＝不知道。

如果知道，那您在选用和喷洒农药时是否注意这个问题？　1＝注意了；0＝没有注意。

5.3 生产资料交易模式（2012 年）

	购买渠道	购买方式	供货方式	结算方式	是否优惠
化肥					
有机肥					
农药					
果袋					

购买渠道：1＝本村以外农资供应点；2＝本村农资供应点；3＝协会（合作社）；4＝农资商上门推销；5＝果站；6＝果品企业；7＝其他。

购买方式：1＝签订合同或给正式发票；0＝没有签订合同或没有给正式发票。

供货方式：1＝上门服务；0＝自行取货。

结算方式：1＝现金；2＝赊账；3＝部分现金部分赊账。

是否优惠：1＝有；0＝没有。

5.4 （1）您家是否享受果园改造（或新建）补贴？1＝有 0＝没有。

如果有，果园改造补贴 2010 年为_____元；2011 年为_____元；2012 年为_____元。

果园新建补贴 2010 年为_____元；2011 年为_____元；2012 年为_____元。

（2）您家是否享受苹果有机肥补贴？1＝有 0＝没有。

如果有，2010 年补贴_____元；2011 年补贴_____元；2012 年补贴_____元。

（3）您家是否享受苹果套袋补贴？1＝有 0＝没有。

如果有，2010 年补贴_____元；2011 年补贴_____元；2012 年补贴_____元。

（4）您家是否享受苹果地膜补贴？1＝有 0＝没有。

如果有，2010 年补贴_____元；2011 年补贴_____元，2012 年补贴_____元。

（5）您家还享受苹果生产_____补贴？

2010 年补贴_____元；2011 年补贴_____元；2012 年补贴_____元。

5.5 2012 年您的乔化苹果销售对象为（可多选）（ ）

1＝直接卖给消费者，占总销量的比重为（ ）％；

2＝中间商（包括本地和外地客商、二道贩子），占总销量的比重为（ ）％；

3＝合作社，占总销量的比重为（ ）％；

4＝果品公司，占总销量的比重为（ ）％；

5＝终端零售商（包括超市、小型零售商和水果店等）占总销量的比重为（ ）％；

6＝其他（请注明_____）占总销量的比重为（ ）％。

Ⅲ 村级调查问卷

省：_____县：_____镇（乡）：_____行政村：_____

调查对象：_____电话号码：_____调查日期：_____调查员：_____复核员：_____

1. 本行政村（以下简称本村）农户（　　）户，其中苹果种植户（　　）户。

2. 本行政村土地面积（　　）亩，其中苹果总面积（　　）亩；挂果果园地面积（　　）亩。

3. 本村成年劳动力人数（年龄在岁以上岁以下）（　　）人。

4. 本村高中以上文化程度的劳动力数量（　　）人。

5. 本村农资供应点数量（　　）。

6. 本村到省会的距离（　　）；到县城的距离（　　）；到镇政府所在地的距离（　　）。

7. 本村到最近的国道或高速公路距离（　　）；到最近的苹果产业技术体系试验站距离（　　）。

8. 本村机井个数（　　）；灌溉渠道长度（　　）米；灌溉面积占总面积比重（　　）。

9. 村内水泥路长度（　　）公里；村内柏油路长度（　　）公里；村内砂石路长度（　　）公里。

10. 本村农业生产用电价格（　　）元/度；生产用水价格（　　）元/吨；土地租赁价格（　　）元/亩/年。

11. 2012 年农忙男雇工平均价格（　　）元/天；农忙女雇工平均价格（　　）元/天。农闲男雇工平均价格（　　）元/天；农闲女雇工平均价格（　　）元/天。

12. 本村是否有苹果产业技术体系技术员或专家（非农资企业推销员）？1＝是（_____人）；0＝否。

如果是，是否固定来进行技术指导？1＝固定（_____次/年）；0＝不固定。

13. 本村是否有果农合作社？1＝是（_____个）；0＝否。

14. 是否有苹果产业技术体系示范基地？1＝是（_____亩）；0＝否。

15. 本村是否与果品或农资企业建立合作关系？1＝是（_____个）；0＝否。

16. 2012 年技术培训由苹果产业技术体系主办_____次；由果农合作社主办_____次；果品或农资企业主办_____次。

17. 哪个组织向村民提供的技术信息更多（由高到低排序）？
1＝苹果产业技术体系；2＝果农合作社；3＝果品或农资企业；4＝其他_____。

18. 哪个组织向村民提供的生产资料（如化肥、农药等）更有用（由高到低排序）？
1＝苹果产业技术体系；2＝果农合作社；3＝果品或农资企业；4＝其他_____。

19. 哪个组织收取技术服务费（由高到低排序）？
1＝苹果产业技术体系；2＝果农合作社；3＝果品或农资企业；4＝其他_____。

收取的额度是否合理？1＝非常不合理；2＝比较不合理；3＝一般；4＝比较合理；5＝非常合理。

20. 本村与哪个组织的技术交流更方便（由高到低排序）？

1＝苹果产业技术体系；2＝果农合作社；3＝果品或农资企业；4＝其他＿＿＿＿＿。

21. 政府是否对本村提供技术扶持政策？1＝有（政策①＿＿＿＿＿；政策②＿＿＿＿＿）；0＝没有。

扶持政策是否有用？1＝完全没用；2＝比较没用；3＝一般；4＝比较有用；5＝非常有用。

22. 政府是否对本村提供技术资金服务（如生产低息贷款）？1＝有；0＝没有。

资金服务是否有用？1＝完全没用；2＝比较没用；3＝一般；4＝比较有用；5＝非常有用。